Südtirol

Die besten Rezepte aus

Südtirol

© Naumann & Göbel Verlagsgesellschaft mbH, Köln
Alle Rechte vorbehalten

Foodfotografie: TLC Fotostudio
S. 6 l./7 r., 28, 31, 36, 46, 62, 70, 72, 90/91 r., 116, 119, 144/145 r., 146/147 r.,
150, 153: mauritius images
S. 26/27 r., 48, 66/67 r., 68/69 r., 88/89 r., 109, 126, 128, 138, 154, 155 r.: MEV
S. 8 r., 9 l., 10, 11 l., 12 l./13 r., 14 l./15 r., 42 l./43 r., 58 l., 59 r., 74 l., 75 r., 82 l.,
94 l./95 r., 110 l./111 r., 124 l./125 r., 140 l./141 r., 156 l./157 r.: TLC Fotostudio
Coverfoto: TLC Fotostudio
Alle übrigen Fotos: Susanne Strotmann
Rezepte: Sylvia Winnewisser

Gesamtherstellung: Naumann & Göbel Verlagsgesellschaft mbH, Köln
ISBN 978-3-625-12157-2

www.naumann-goebel.de

Inhaltsverzeichnis

Einleitung

Südtirol ist ein Land voller Gegensätze

Hier die hohen Berge der Alpen, die die Menschen noch bis vor 150 Jahren wegen ihrer Unergründbarkeit fürchteten, dort grüne Almwiesen, klare Bäche, Flüsse und eiskalte Bergseen. Hier alpenländisches, manchmal raues Klima, dort mediterrane Sonne und Vegetation, Badeseen und Sandstrände. Hier Menschen, die Deutsch sprechen und sich als „echte" Tiroler fühlen, dort waschechte Italiener, die ihr Land lieben.

Für Kunst- und Naturliebhaber, Wanderer und Badefreunde hat Südtirol zahlreiche Attraktionen zu bieten, von Burgen – Südtirol ist das Land mit den meisten Burgen in Europa – über Schlösser zu alten Kirchen und malerischen Städtchen.

Auf kulinarischem Gebiet zeigt sich das kleine Land im Norden Italiens ebenso vielseitig wie bei Land und Leuten: auf der einen Seite echte Hausmannskost mit Tiroler Speck und Schüttelbrot, gleich nebenan italienische Küche mit Pasta, Pizza und Risotto. Und entlang der Etsch reiht sich ein Weinort an den nächsten – ein Paradies für Weinkenner und Liebhaber guter Gewächse. Südtirol ist bekannt für hervorragende Weine und sehr gutes Essen. Touristen finden hier Almhütten für die Jause, nette Gasthöfe, in denen die Knödel noch hausgemacht sind, und Sterne-Hotels, in denen Spitzenköche ihre Kunst unter Beweis stellen.

Auf lockeren Kalksteinböden wächst der Wein, auf fruchtbaren Ackerböden gedeihen zahlreiche Gemüse- und Obstsorten. Das Vieh weidet, so lange es möglich ist, auf saftigen Almwiesen. Aus Flüssen, Bächen und Seen stammen die Fische, die fangfrisch auf den Tisch kommen. Die mediterranen Genüsse steuern die italienischen Nachbarn bei. Ein Land, bei dem es sich lohnt, auf der Reise in den Süden anzuhalten und zu bleiben.

Eine autonome Provinz

Das kleine Land an der Grenze zwischen Österreich und Italien und im Süden der Provinz Tirol hat eine lange und bewegte Geschichte hinter sich. Bereits in der Steinzeit siedelten hier Menschen, die sich den Sommer über in den Bergen, im Winter in den Tälern aufhielten. Im Laufe der Jahrhunderte wechselte das Land mehrmals seine Nationalität zwischen deutsch und italienisch.

Jahrhundertelang war es in Nord- und Südtirol geteilt, der Norden befand sich unter österreichischer Verwaltung, der Süden gehörte zu Italien. Die Menschen pendelten zwischen zwei Ländern hin und her und betrieben hier wie dort ihre Geschäfte.

Ungern wird man an die Ereignisse während des Dritten Reichs erinnert, als Familien getrennt wur-

den, die einen nach Deutschland/Österreich gehen, die anderen in Italien bleiben mussten. Bis man endlich eine autonome Provinz mit eigener Verwaltung wurde, dauerte es einige Zeit.

Heute bildet Südtirol zusammen mit der Provinz Trient die autonome Region Trentino-Südtirol mit der Hauptstadt Bozen.

Die Bevölkerung spricht Deutsch, Italienisch und Ladisch, die Sprache der Dolomitenbewohner, wobei das Deutsche die am weitesten verbreitete Sprache ist. Denn traditionsbewusst ist man in Südtirol – schließlich sind zwei Drittel der Bevölkerung deutscher bzw. österreichischer Abstammung.

Stolz tragen sie heute wieder ihre alten Trachten und verweisen selbstbewusst auf das, was sie in den letzten Jahren geschafft haben. Das einst arme Land ist

zu Wohlstand gelangt, der Tourismus boomt, und die Menschen blicken optimistisch in die Zukunft. Die Wirtschaft blüht, Landwirtschaft, Handel und Gastgewerbe fahren Gewinne ein.

Südtiroler Produkte werden heute in die ganze Welt geliefert. Terlaner Spargel, Vinschgauer Äpfel, Südtiroler Wein aus Tramin oder vom Kalterer See etwa gehören dazu.

Wenige einheimische Produkte werden nicht ausgeführt und bekommen Gäste nicht oder selten vorgesetzt – dazu gehören je nach Ernte die Kastanien und auf jeden Fall die schmackhaften Waldpilze.

Törggelen – ein alter Brauch

Ein alter Südtiroler Brauch ist das Törggelen. Er findet im Herbst nach der Weinlese statt. Der neue Wein, der „Nuie", auch als Federweißer bekannt, wird bei den verschiedenen Weinbauern verkostet. Das Törggelen (Torggl ist die Traubenpresse) findet von Anfang Oktober bis Mitte Dezember statt.

Zum „Nuien" gibt es natürlich auch eine Jause oder Marende: Speck, Kaminwurzen, Käse, Schüttelbrot und gebratene Kastanien sowie Nüsse. Wer es noch deftiger mag, für den stehen Würste mit Kraut, Schweinerippchen oder Schöpsernes zur Auswahl.

Die traditionelle Südtiroler Küche

Im Land im Gebirge war schon immer Vorratshaltung angesagt. Sie war überlebenswichtig. Die Zufahrtswege waren oft schwer zugänglich, versperrt oder im Winter verschneit, sodass die Menschen ihre Lebensmittel konservieren mussten. So entstanden der berühmte Tiroler Speck, die geräucherten und luftgetrockneten Würste, die Kaminwurzen, gepökeltes Fleisch und eingelegtes Gemüse wie Sauerkraut und Rüben. Das Obst wurde getrocknet, Brot und Käse selbst gemacht. Das Wissen darüber hatten sich die Menschen im Laufe der Jahre angeeignet und tradi-tionsgemäß weitergegeben – genauso übrigens wie die Rezepte für die vielen typischen Gerichte.

Auch Reste wurden aufs Feinste verwertet, so entstanden die vielfältigen Knödelrezepte. Das Südtiroler Nationalgericht sind Speckknödel. Sie gibt es als Suppeneinlage genauso wie als Beilage oder Hauptgericht mit Salat. Ein weiteres Resterezept ist das Gröstl, gebratene Kartoffeln mit Speck oder Fleisch. Weitere typische Gerichte sind Suppen, wie die Terlaner Weinsuppe, die Vinschgauer Brotsuppe oder die Bozener Saure Suppe, Nockerln, Spatzeln und Schöpsernes, Tirteln, Plenten und Strauben.

Die neue Südtiroler Küche

Die traditionelle Südtiroler Küche öffnete sich nur langsam den italienischen Einflüssen, und auch erst lange, nachdem klar war, dass die Bevormundung durch die Italiener zu Ende war. Es fand eine Vermischung beider Küchen statt, das Schmalz wurde durch Olivenöl ersetzt, aus Nockerln wurden Gnocchi, aus Plenten Polenta.

In den letzten Jahren hat die „echte" Tiroler Küche eine Renaissance erfahren. Nicht nur aus Traditionsgründen, auch im Zuge der gesundheitsbewussten und naturverbundenen Ernährung besinnt man sich wieder vermehrt auf die Produkte, die im eigenen Land erzeugt werden. Frische Erzeugnisse wie Milch, Käse, Quark, Rind-, Kalb- und Lammfleisch, Gemüse, Obst, Kastanien und natürlich Wein. Die Südtiroler Bauernmärkte bieten alle diese Produkte tagesfrisch an. Ein Besuch lohnt sich hier daher aus

zwei Gründen: um die einzigartige Atmosphäre des Marktgeschehens vor der Kulisse idyllischer alter Stadtkerne zu erleben und bei einheimischen Bauern regionale Lebensmittel einzukaufen.

In Südtiroler Gaststätten findet man meist sowohl Tiroler wie italienische Gerichte auf der Karte. Die Vorspeisen haben die Italiener mit Pasta und Risotto erobert. Was nicht heißt, dass nicht auch mal Schlutzkrapfen, Graukaskrödel oder Schupfnudeln auf der Karte stehen. Unter den Hauptgerichten herrscht Dreiteilung: Es gibt traditionelle, italienische und internationale Gerichte. Dies gilt auch für die Süßspeisen und Desserts.

In diesem Buch haben wir versucht, eine repräsentative Auswahl zu treffen zwischen typischen Südtiroler Gerichten und italienischen Spezialitäten der Gegend. Wir wünschen Guten Appetit!

Südtiroler Wein

Zum guten Essen gehört ein guter Wein. Südtiroler Weine genießen weltweit einen guten Ruf. Diesen haben sie nicht zuletzt der idealen geografischen Lage, den günstigen Witterungsverhältnissen und der guten Beschaffenheit der Böden zu verdanken. Schon seit Jahrtausenden gedeihen hier die Reben, einerseits im Schutz der Alpen vor kalten Winden und andererseits von Süden her mit mediterranem Klima versorgt.

Der jährliche Temperaturdurchschnitt liegt bei 18 °C (im Sommer auch bei über 20 °C). Über 1800 Sonnenstunden im Jahr und übers Jahr gut verteilte Niederschläge sind Garanten für eine gute Qualität der Reben. Sie gedeihen auf 1000 Metern ü. M. genauso gut wie auf 200 Metern ü. M. Die Kalkböden zeichnen sich durch gute Wärmeaufnahme aus.

Die Südtiroler Weinstraße beginnt im Norden bei Nals, Terlan und Andrian, verläuft über Bozen und St. Michael, Kaltern, Tramin, Kurtatsch, Margreid, Kurtinig auf der einen Seite der Etsch nach Salurn im Süden. Pfatten, Auer, Montan und Neumarkt liegen links des Flusses.

Auf rund 5000 Hektar Rebfläche werden heute jährlich etwa 400.000 Doppelzentner Trauben geerntet, etwa 370.000 Hektoliter Wein. Der Hauptanteil geht mit 65 Prozent an den Rotwein, Weißwein macht 35 Prozent aus.

Die einzigen Rebsorten, die ursprünglich aus Südtirol stammen, sind Lagrein, Gewürztraminer und Vernatsch. Sämtliche anderen Reben wurden später eingeführt.

Salate, Suppen und kleine Speisen

Steinpilze auf Röstbrot

Für 4 Portionen
500 g frische Steinpilze
16 Scheiben Ciabatta
1/2 Bund Petersilie
1/2 Bund Schnittlauch
3 Knoblauchzehen
2 El Olivenöl
Salz
Pfeffer

Die Steinpilze putzen, waschen, trocken tupfen und in Scheiben schneiden.
Die Ciabattascheiben im Backofen bei 180 °C (Umluft 160 °C) goldbraun rösten.

Die Petersilie und den Schnittlauch waschen, trocken schütteln und fein hacken.
Die Knoblauchzehen schälen und ebenfalls fein hacken.

Das Olivenöl in einer Pfanne erhitzen und den Knoblauch darin unter Rühren
anschwitzen. Die Steinpilzscheiben zugeben und etwa 10 Minuten mitschwitzen.
2 Minuten vor Ende der Garzeit die Kräuter unterheben. Die Pilze mit Salz und
Pfeffer abschmecken.

Die Pilzscheiben auf die gerösteten Ciabattascheiben verteilen und heiß
servieren.

Zubereitungszeit: ca. 20 Minuten (plus Röst- und Schmorzeit)
Pro Portion ca. 113 kcal/474 kJ | 6 g E, 5 g F, 9 g KH

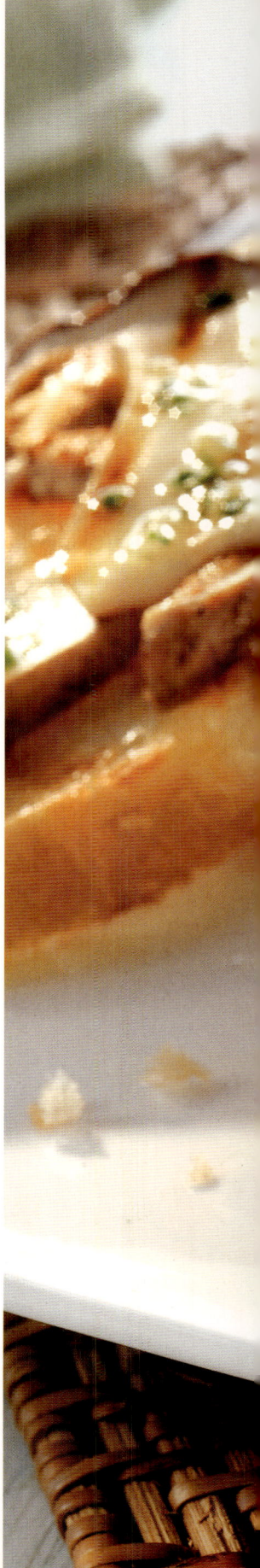

Knödelsalat

Für 4 Portionen
5 Semmelknödel
2 El Butter
1 Radicchio
100 g Rucola
100 g Eichblattsalat
4 El Weißweinessig
4 El Olivenöl
2 El Kresseblättchen
Salz
Pfeffer
Parmesan zum Garnieren

Die Semmelknödel in gleichmäßige Scheiben von 1 cm Dicke schneiden. Die Butter in einer Pfanne erhitzen und die Knödelscheiben darin von beiden Seiten goldbraun braten.

Die Blätter vom Radicchio zupfen, alle Salatblätter waschen und trocken schütteln. Auf Tellern anrichten. Aus Essig, Öl, Kresse, Salz und Pfeffer eine Vinaigrette bereiten und über den Salat geben.

Die Knödelscheiben auf den Salat legen und Parmesan darüberhobeln.

Zubereitungszeit: ca. 20 Minuten (plus Bratzeit)
Pro Portion ca. 522 kcal/2192 kJ | 17 g E, 26 g F, 53 g KH

Gefüllte Zucchiniblüten

Für 4 Portionen
4 Zucchiniblüten mit Frucht
20 g Rosinen
150 g Ricotta
2 El frisch gehacktes Basilikum
2 El frisch gehackter Kerbel
Salz
Pfeffer
2 Tomaten
2 El grüne Oliven ohne Kern
2 El Olivenöl
abgeriebene Schale von
1 unbehandelten Zitrone
1 Tl Aceto balsamico

Die Zucchiniblüten waschen und trocken schütteln, ohne die Blüte zu beschädigen. Die Blüte vorsichtig öffnen und den Stempel entfernen. Die Rosinen heiß abspülen und mit dem Ricotta und den Kräutern mischen. Mit Salz und Pfeffer würzen.

Die Masse in einen Spritzbeutel füllen und in die Zucchiniblüten spritzen. Die Zucchinis waschen, längs mehrmals einschneiden und mit den Blüten im Dämpftopf etwa 8 Minuten garen.

Die Tomaten heiß überbrühen, von Haut, Stielansatz und Kernen befreien und in Achtel schneiden. Die Oliven in Scheiben schneiden und mit den Tomaten mischen. Die restlichen Zutaten verrühren, würzen und als Dressing darübergeben.

Die gegarten Zucchiniblüten in der Länge halbieren und mit dem Tomaten-Oliven-Salat und den Zucchinis auf Teller geben.

Zubereitungszeit: ca. 30 Minuten (plus Garzeit)
Pro Portion ca. 152 kcal/638 kJ | 6 g E, 11 g F, 6 g KH

Bruschetta

Für 4 Portionen
2 Tomaten
1 El Kapern
4 Scheiben Weißbrot
2 El Butter
4 Sardellen in Öl
(8 Sardellenfilets)
1/2 Tl getrockneter Oregano
Salz
Pfeffer
100 g Gruyère
Fett für das Blech

Den Backofen auf 200 °C (Umluft 180 °C) vorheizen. Die Tomaten waschen, von den Stielansätzen befreien und in Scheiben schneiden. Die Kapern hacken.

Die Weißbrotscheiben mit Butter bestreichen. Darauf jeweils Tomatenscheiben, zwei Sardellenfilets und einige Kapern legen. Mit Oregano, Salz und Pfeffer würzen und mit dem geriebenen Käse bestreuen.

Die Bruschette auf ein gefettetes Backblech legen und im Ofen etwa 10 Minuten über-backen. Heiß servieren.

Zubereitungszeit: ca. 15 Minuten (plus Backzeit)
Pro Portion ca. 190 kcal/798 kJ | 13 g E, 13 g F, 5 g KH

Sommersalat mit Schinken und Melone

Für 4 Portionen
150 g Zuckerschoten
1 El Butter
1 Friséesalat
1/2 Eisbergsalat
1 Honigmelone mit festem Fleisch
8 Kirschtomaten
8 Scheiben dünn geschnittener
roher Schweineschinken (z. B. Valtelina)
2 El Sonnenblumenkerne
2 El Sherryessig
3 El Olivenöl
Salz
Pfeffer

Die Zuckerschoten putzen, entfädeln, waschen, abtropfen lassen und in der heißen Butter unter Rühren etwa 10 Minuten dünsten. Abkühlen lassen.

Die Salate waschen, trocken schütteln und die Blätter in Stücke zupfen. Die Honigmelone schälen, mit der Schneidemaschine in hauchdünne Scheiben schneiden und auf Teller verteilen. Die Kirschtomaten waschen, trocken tupfen und halbieren.

Die Salatblätter auf den Melonenscheiben anrichten und mit Tomaten und Zuckerschoten belegen. Die Schinkenscheiben zusammenrollen und dazwischenstecken. Die Sonneblumenkerne in einer Pfanne ohne Fett rösten.

Aus Essig, Öl, Pfeffer und Salz ein Dressing bereiten und über den Salat geben. Die Sonnenblumenkerne darüberstreuen.

Zubereitungszeit: ca. 30 Minuten (plus Dünst- und Röstzeit)
Pro Portion ca. 157 kcal/659 kJ | 8 g E, 10 g F, 8 g KH

Gemüse aus dem Ofen

Für 4 Portionen
200 g rote Paprikaschoten
200 g Karotten
200 g Auberginen
200 g Zucchini
Salz
200 g Fenchel
10 El Olivenöl
je 1 Tl getrockneter Thymian,
Oregano und Rosmarin
5 El Aceto balsamico

Den Backofen auf 250 °C (Umluft 230 °C) vorheizen. Das Gemüse putzen, waschen, die Paprika entkernen und die Karotten schälen. Die Auberginen in Scheiben schneiden, mit Salz bestreuen und beiseitestellen, bis Saft austritt. Dann waschen und trocken tupfen.

Die Paprikaschoten in 3 cm große Stücke schneiden. Die Karotten und die Zucchini in 1 cm dicke Scheiben schneiden, den Fenchel in Streifen schneiden.

Ein Backblech mit 3 El Öl einpinseln und das Gemüse darauflegen. Mit den Kräutern bestreuen, das restliche Olivenöl darüberträufeln und salzen. Das Gemüse im Ofen etwa 30 Minuten garen. Mehrmals wenden. Aus dem Ofen nehmen und etwas abkühlen lassen.

Das Gemüse auf eine Platte legen und mit dem Aceto balsamico beträufeln. Lauwarm mit frischem Ciabattabrot servieren.

Zubereitungszeit: ca. 30 Minuten (plus Backzeit)
Pro Portion ca. 76 kcal/319 kJ | 3 g E, 3 g F, 7 g KH

Brixener Zwiebelkuchen

Für 4 bis 6 Portionen
500 g Weizenmehl
20 g Hefe
1 Prise Zucker
2 El Butterschmalz
Salz
3 Gemüsezwiebeln
3 El Butter
Pfeffer
1/2 Tl gemahlener Kümmel
75 g Bauchspeck
2 Eier
200 g saure Sahne
1/4 Tl edelsüßes Paprikapulver
Mehl für die Arbeitsfläche
Fett für die Springform

Das Mehl in eine Schüssel sieben und in die Mitte eine Vertiefung drücken. Die Hefe hineinbröckeln und den Zucker darüberstreuen. 300 ml lauwarmes Wasser zugießen und die Mischung 10 Minuten gehen lassen.

Das Salz auf den Mehlrand streuen. Das Butterschmalz zum Teig geben und alles zunächst mit dem Knethaken des Handrührers, dann mit den Händen zu einem glatten Teig verkneten. Den Teig zu einer Kugel formen und mit Mehl bestäubt abgedeckt an einem warmen Ort etwa 50 Minuten gehen lassen.

Für den Belag die Zwiebeln schälen und in sehr dünne Ringe schneiden oder hobeln. Die Butter in einem Topf erhitzen und die Zwiebeln darin unter Rühren glasig dünsten. Mit Salz, Pfeffer und Kümmel würzen.

Den Backofen auf 200 °C (Umluft 180 °C) vorheizen. Den Teig in eine gefettete Springform (28 cm Durchmesser) legen und einen Rand hochdrücken. Die Zwiebelmasse darauf verteilen. Den Speck in feine Streifen schneiden und darübergeben. Die Eier mit der sauren Sahne verrühren, mit Paprika würzen und über den Zwiebelkuchen geben. Den Kuchen im Ofen etwa 35 Minuten backen.

Zubereitungszeit: ca. 30 Minuten (plus Zeit zum Gehen, Dünst- und Backzeit)
Pro Portion ca. 510 kcal/2142 kJ | 13 g E, 22 g F, 63 g KH

Rindercarpaccio mit Sprossen

Für 4 Portionen
400 g gebeiztes Rindfleisch
400 g Tiroler Bergkäse
100 g Radieschensprossen
150 g Rucola
3 El Olivenöl
2 El Aceto balsamico
Salz
Pfeffer
1 El frisch gehackte glatte
Petersilie

Das Rindfleisch in sehr dünne Scheiben schneiden. Dazu das Fleisch vor dem Schneiden für 1 Stunde in den Gefrierschrank legen. Den Käse in feine Würfel schneiden. Die Sprossen und den Rucola waschen und trocken schütteln.

Die Rindfleischscheiben auf vier Teller legen. Den Rucola und die Sprossen darüber verteilen und mit den Käsewürfen belegen.

Das Olivenöl mit dem Essig verrühren, würzen, mit der Petersilie mischen und über das Carpaccio träufeln. Dazu frisches Südtiroler Bauernbrot reichen.

Zubereitungszeit: ca. 20 Minuten (plus Zeit zum Gefrieren)
Pro Portion ca. 622 kcal/2612 kJ | 48 g E, 47 g F, 1 g KH

Bohnensuppe mit Pasta

Für 4 Portionen
350 g Wachtelbohnen
100 g Bauchspeck
1 Bund Suppengemüse
2 rote Zwiebeln
2 Knoblauchzehen
1 Thymianzweig
3 Salbeiblättchen
1 El Olivenöl
200 g Penne
Salz
Pfeffer
2 El frisch gehackte Petersilie

Die Bohnen über Nacht in reichlich kaltem Wasser einweichen. Den Speck in kleine Würfel schneiden. Das Suppengemüse putzen, waschen, nach Bedarf schälen und klein schneiden. Die Zwiebeln und den Knoblauch schälen und fein hacken.

Die Kräuter waschen und trocken schütteln, die Thymianblättchen von den Stängeln zupfen und mit den Salbeiblättchen hacken.

Das Olivenöl in einem Topf erhitzen und den Speck darin anschwitzen. Die Zwiebeln und den Knoblauch hinzufügen und glasig schwitzen. Das Suppengemüse zugeben und für einige Minuten mitschwitzen.

Die Bohnen abgießen, abspülen und in den Topf geben. Die Kräuter und so viel Wasser zugeben, dass Bohnen und Gemüse bedeckt sind. Die Suppe aufkochen und etwa 1 Stunde köcheln. Inzwischen die Penne nach Packungsanweisung bissfest garen.

Die Suppe großteils pürieren und mit Salz und Pfeffer abschmecken. Die Nudeln unterheben und mit Petersilie bestreut servieren.

Zubereitungszeit: ca. 30 Minuten (plus Einweich-, Dünst- und Garzeit)
Pro Portion ca. 485 kcal/2037 kJ | 13 g E, 26 g F, 47 g KH

Leberknödelsuppe

Für 4 Portionen
3 Brötchen vom Vortag
60 ml Milch
1 Zwiebel
1 Knoblauchzehe
1 El Butter
100 g Rinderleber
50 g fetter Speck
1 Ei
je 1 Prise Muskat und Piment
1/2 Tl frisch gehackter Majoran
2 El frisch gehackte Petersilie
Salz
Pfeffer
750 ml Rinderbrühe

Die Brötchen würfeln und in der erwärmten Milch einweichen. Die Zwiebel und die Knoblauchzehe schälen und fein hacken.

Die Butter in einer Pfanne erhitzen und die Zwiebel mit dem Knoblauch darin glasig schwitzen.

Die Leber und den Speck durch den Fleischwolf drehen und mit dem Ei, den Gewürzen, dem Majoran und der Petersilie mischen. Die eingeweichten Brötchen zerdrücken und mit der Zwiebel und dem Knoblauch unter die Fleischmasse heben.

Die Lebermischung mit Salz und Pfeffer abschmecken und dann mit feuchten Händen Knödel formen. Die Brühe in einem Topf erhitzen und die Leberknödel darin etwa 20 Minuten ziehen lassen. Die Suppe heiß servieren.

Zubereitungszeit: ca. 30 Minuten (plus Zeit zum Anschwitzen und Ziehen)
Pro Portion ca. 143 kcal/600 kJ | 5 g E, 4 g F, 19 g KH

Frittatensuppe

Für 4 Portionen
2 Eier
1 Eigelb
100 g Mehl
100 ml Mineralwasser
200 ml Milch
Salz
Pfeffer
2 El Butter
800 ml Fleischbrühe
frisch geriebene Muskatnuss
2 El frisch gehackter Schnittlauch

Die Eier und das Eigelb mit dem Mehl verrühren. Das Mineralwasser und die Milch hinzufügen und mit Salz und Pfeffer abschmecken. Aus den Zutaten einen glatten Teig rühren und 30 Minuten ruhen lassen.

Die Butter in einer Pfanne erhitzen und aus dem Teig nach und nach goldbraune Pfannkuchen braten. Aus cer Pfanne nehmen und auf Küchenpapier abtropfen lassen. Die Pfannkuchen zusammenrollen und in Streifen schneiden.

Die Brühe in einem Topf erhitzen. Die Pfannkuchenstreifen auf Teller verteilen und mit der heißen Brühe übergießen. Mit Muskat abschmecken und mit Schnittlauchröllchen bestreuen.

Zubereitungszeit: ca. 20 Minuten (plus Zeit zum Ruhen und Braten)
Pro Portion ca. 220 kcal/924 kJ | 9 g E, 11 g F, 20 g KH

Steinpilzcremesuppe

Für 4 Portionen
250 g frische Steinpilze
3 Schalotten
3 El Olivenöl
250 ml trockener Weißwein
250 ml Gemüsebrühe
Salz
Pfeffer
300 ml Sahne
je 1 El frisch gehackte Petersilie
und frisch gehackter Kerbel
4 El Croûtons

Die Pilze putzen, die Stielenden abschneiden, die Köpfe waschen und trocken reiben. Dann in Scheiben schneiden. Die Schalotten schälen und fein hacken.

Das Olivenöl in einem Topf erhitzen, die Schalotten darin glasig schwitzen. Die Pilze hinzufügen und unter Rühren mitschwitzen. Den Weißwein angießen und etwa 10 Minuten köcheln. Die Gemüsebrühe und 250 ml Wasser zugeben und die Suppe etwa 30 Minuten köcheln.

Mit dem Pürierstab die Pilze nicht zu klein pürieren. Einige Pilzscheiben zum Garnieren beiseitelegen. Die Suppe mit Salz und Pfeffer abschmecken, die Sahne zugießen und kurz erhitzen. Mit den Pilzscheiben, Kräutern und Croûtons bestreut servieren.

Zubereitungszeit: ca. 25 Minuten (plus Kochzeit)
Pro Portion ca. 300 kcal/1260 kJ | 4 g E, 24 g F, 5 g KH

Kräutercremesuppe mit Grießnocken

Für 4 Portionen
250 ml Milch
60 g Butter
60 g Grieß
1 Ei
1 Eigelb
Salz
Pfeffer
1 Prise frisch geriebene Muskatnuss
1 l Gemüsebrühe
1/2 Bund glatte Petersilie
1 Bund Kerbel
4 Sauerampferblätter
2 Zweige Pimpinelle
2 Zweige Zitronenmelisse
1/2 Kistchen Kresse
150 ml Sahne

Die Milch in einem Topf aufkochen, die Butter darin schmelzen und den Grieß langsam einrieseln lassen. So lange rühren, bis der Grieß zu quellen beginnt und die
Masse zäh wird. Den Grieß in eine Schüssel geben und das Ei und das Eigelb schnell
unterrühren. Mit Salz, Pfeffer und Muskat würzen.

Die Gemüsebrühe in einem Topf zum Kochen bringen. Die Kräuter waschen, trocken
schütteln, die Blätter von den Stielen zupfen und fein hacken. In die Brühe geben und
10 Minuten köcheln. Die Suppe pürieren und die Sahne unterrühren.

Mit einem Teelöffel kleine Grießnocken abstechen und in kochendem Salzwasser
5 Minuten ziehen lassen. Die Grießnocken in Teller geben und mit der Kräutercreme
übergießen.

Zubereitungszeit: ca. 30 Minuten (plus Koch- und Garzeit)
Pro Portion ca. 375 kcal/1575 kJ | 9 g E, 30 g F, 16 g KH

Gemüse und Gröstl

Spargelstrudel mit Spinat

Für 4 Portionen

300 g Blätterteig (TK)
1,5 kg weißer Spargel
30 g Butter
Salz, Pfeffer
frisch geriebene Muskatnuss
1 Prise Zucker
1 El Zitronensaft
3 El Tomatenmark

1 El Olivenöl
300 g Spinat
250 g roher Schinken in Scheiben
1 Ei
3 El Sahne
Fett für das Backblech

Den Blätterteig auftauen lassen, drei Platten aufeinanderlegen und auf einer Arbeitsplatte rechteckig ausrollen.

Den Spargel schälen, die holzigen Enden entfernen und 2 cm der Spargelstangen unten abschneiden. Den Spargel in kochendem Salzwasser etwa 12 Minuten garen. Dann herausnehmen. Die abgeschnittenen Spargelstücke in etwas Kochsud garen, mit einer Schaumkelle aus dem Sud nehmen und pürieren.

Aus dem Püree mit etwas Kochflüssigkeit eine cremige Sauce herstellen und mit der Butter binden. Mit Salz, Pfeffer, Muskat, Zucker und Zitronensaft abschmecken. Die Sauce mit Tomatenmark und Olivenöl verrühren und warm stellen.

Den Backofen auf 200 °C (Umluft 180 °C) vorheizen. Den Spinat putzen, waschen, tropfnass in einen heißen Topf geben und zusammenfallen lassen. Gut abtropfen lassen, auf dem ausgerollten Blätterteig verteilen und würzen. Dann die Schinkenscheiben darauflegen und darüber längs die Spargelstangen schichten. Den Spargel nochmals würzen. Den Teig zu einem Strudel zusammenrollen und die Enden festdrücken.

Den Strudel auf ein gefettetes Backblech legen und mit der verquirlten Ei-Sahne bestreichen. Im Ofen etwa 30 Minuten backen. Den Spargelstrudel in Stücke schneiden und mit der Sauce servieren.

Zubereitungszeit: ca. 40 Minuten (plus Gar- und Backzeit)
Pro Portion ca. 532 kcal/2234 kJ | 15 g E, 38 g F, 31 g KH

Fischgröstl

Für 4 Portionen
300 g Stockfisch
300 g Kartoffeln
Salz
2 Lorbeerblätter
3 El Öl
2 Schalotten
1 Knoblauchzehe
Pfeffer
abgeriebene Schale von
1 unbehandelten Zitrone
1 El frisch gehackter Dill

Den Stockfisch über Nacht gründlich wässern. Die Kartoffeln am Vortag zubereiten: waschen und in kochendem, wenig gesalzenem Wasser etwa 20 Minuten kochen, dann abgießen und abkühlen lassen.

Den Stockfisch gründlich abspülen und trocken tupfen. In einem Topf 500 ml Salzwasser mit den Lorbeerblättern aufkochen, den Stockfisch hineingeben und ziehen lassen, nicht kochen. Wenn das Stockfischfleisch weiß ist, den Fisch aus dem Topf nehmen, in Würfel schneiden und beiseitestellen.

Die Kartoffeln pellen und in Scheiben schneiden. Das Öl in einer Pfanne erhitzen und die Kartoffelscheiben darin knusprig braten. Die Schalotten und die Knoblauchzehe schälen, hacken und mit den Kartoffeln braten. Mit Salz und Pfeffer würzen.

Die Fischstücke zu den Kartoffeln geben und miterwärmen. Die Zitronenschale und den Dill unter das Fischgröstl rühren und servieren. Dazu passt Krautsalat.

Zubereitungszeit: ca. 30 Minuten (plus Einweich-, Koch- und Bratzeit)
Pro Portion ca. 347 kcal/1457 kJ | 58 g E, 6 g F, 12 g KH

Kartoffelgratin mit Speck

Für 4 bis 6 Portionen
1 kg Kartoffeln
Salz
150 g Schinkenspeck
250 ml Sahne
Pfeffer
frisch geriebene Muskatnuss
100 g frisch geriebener Parmesan
2 El frisch gehackte Petersilie
Fett für die Form

Die Kartoffeln waschen, in wenig gesalzenem Wasser etwa 20 Minuten kochen, dann abgießen und etwas abkühlen lassen. Den Backofen auf 180 °C (Umluft 160 °C) vorheizen.

Eine Auflaufform einfetten. Die Kartoffeln pellen und in Scheiben schneiden. Den Schinkenspeck fein würfeln. Die Kartoffeln abwechselnd mit dem Speck in die Form schichten.

Die Sahne mit Salz, Pfeffer und Muskatnuss würzen und gleichmäßig über die Kartoffeln gießen. Zuletzt den Käse darüberstreuen und das Gratin im Ofen etwa 25 Minuten backen, bis der Käse zu schmelzen beginnt. Mit Petersilie bestreut servieren. Dazu einen frischen grünen Salat reichen. Auch als Beilage zu Fleischgerichten geeignet.

Zubereitungszeit: ca. 20 Minuten (plus Koch- und Backzeit)
Pro Portion ca. 353 kcal/1482 kJ | 15 g E, 20 g F, 26 g KH

Zwiebelgemüse süß-sauer

Für 4 Portionen
200 g kleine weiße Zwiebeln
200 g rote Zwiebeln
3 El Zucker
4 El Apfelessig
100 ml Weißwein
100 ml Gemüsebrühe
Salz
Pfeffer

Die Zwiebeln schälen und in ihre Schichten zerlegen. In einem großen Topf den Zucker unter Rühren karamellisieren lassen.

Den Karamell mit Apfelessig ablöschen und die Zwiebelschichten hineingeben. Die Zwiebeln im Sirup bei geringer Temperatur 3 Minuten dünsten.

Mit Weißwein und Brühe ablöschen und die Flüssigkeit um die Hälfte einkochen. Mit Salz und Pfeffer abschmecken. Die süß-sauren Zwiebeln kalt als Beilage zum Speckbrett oder Kartoffelgerichten, warm als Beilage zu Fleisch- und Geflügelgerichten servieren.

Zubereitungszeit: ca. 20 Minuten (plus Kochzeit)
Pro Portion ca. 64 kcal/268 kJ | 1 g E, 1 g F, 9 g KH

Bozener Herrengröstl

Für 4 Portionen
8 Kartoffeln
Salz
2 Schalotten
2 Knoblauchzehen
2 El Olivenöl
2 El Butter
Pfeffer
1/2 Tl gemahlener Kümmel
1 Tl getrockneter Thymian
1 Tl getrockneter Rosmarin
1 Tl getrockneter Majoran
400 g gekochtes Rindfleisch
150 ml Rinderbrühe
2 El frisch gehackter Kerbel

Die Kartoffeln waschen, in leicht gesalzenem Wasser 20 Minuten kochen, dann abgießen und etwas abkühlen lassen. Die Schalotten und die Knoblauchzehen schälen und fein hacken. Die Kartoffeln pellen und in Scheiben schneiden.

Das Öl mit der Butter in einer Pfanne erhitzen und die Schalotten sowie den Knoblauch darin glasig schwitzen. Die Kartoffelscheiben hinzufügen und unter mehrmaligem Wenden knusprig braten. Dann die Gewürze und Kräuter unterrühren.

Das Rindfleisch in Streifen schneiden und unter die Kartoffeln heben. Die Brühe angießen und alles noch 2 Minuten schmoren, dann mit Kerbel bestreut servieren.

Zubereitungszeit: ca. 30 Minuten (plus Koch- und Schmorzeit)
Pro Portion ca. 305 kcal/1281 kJ | 21 g E, 18 g F, 13 g KH

Bauerngröstl

Für 4 Portionen
500 g Kartoffeln
Salz
3 Zwiebeln
2 Knoblauchzehen
250 g Räucherspeck
4 Gewürzgurken
8 Eier
Pfeffer
2 El Butter
1/2 Tl gemahlener Kümmel
1 Tl edelsüßes Paprikapulver
1 El getrockneter Majoran
2 El frisch gehackte Petersilie

Die Kartoffeln waschen, in leicht gesalzenem Wasser 20 Minuten kochen, dann abgießen und etwas abkühlen lassen. Die Zwiebeln und Knoblauchzehen schälen und fein hacken. Die Kartoffeln pellen und in Scheiben schneiden.

Den Speck in Streifen schneiden, die Gurken fein würfeln. Die Eier in einer Schüssel verquirlen und mit Salz und Pfeffer würzen.

Die Butter in einer großen gusseisernen Pfanne erhitzen und die Zwiebeln sowie den Knoblauch darin glasig dünsten. Den Speck und die Kartoffelscheiben zugeben und knusprig braten. Die Gurkenwürfel unterheben und die Mischung mit Kümmel, Paprika und Majoran würzen.

Die Eier über die Kartoffeln geben und stocken lassen. Mit Petersilie bestreuen. Das Bauerngröstl in der Pfanne servieren. Dazu einen Tomatensalat reichen.

Zubereitungszeit: ca. 30 Minuten (plus Koch- und Bratzeit)
Pro Portion ca. 432 kcal/1814 kJ | 30 g E, 23 g F, 24 g KH

Spargel mit Bozener Sauce

Für 4 Portionen
1 kg weißer Spargel
Salz
1 Prise Zucker

Für die Bozener Sauce:
6 Eier
Salz
2 Tl Senf
3 El Essig
4 El Öl
Pfeffer
2 El Schnittlauch
1 El gehackte Kapern

Den Spargel putzen, schälen, die holzigen Enden abschneiden und die Stangen in Salzwasser mit 1 Prise Zucker etwa 12 Minuten bissfest garen.

Für die Sauce die Eier hart kochen, abschrecken und kurz abkühlen lassen. Die Eier pellen, halbieren, die Eiweiße fein würfeln, die Eigelbe mit etwas Salz, 1 El Spargelkochwasser, Senf, Essig, Öl und Pfeffer cremig rühren.

Das gewürfelte Eiweiß und den Schnittlauch unter die Eigelbcreme rühren. Nach Geschmack die Kapern zugeben.

Die Spargelstangen abgießen und auf Tellern anrichten. Die Bozener Sauce in Schälchen dazureichen. Mit Salzkartoffeln servieren.

Zubereitungszeit: ca. 30 Minuten (plus Garzeit)
Pro Portion ca. 242 kcal/1016 kJ | 16 g E, 15 g F, 7 g KH

Eierspeisen, Pasta und Risotto

Gefüllte Palatschinken mit Käse

Für 4 Portionen
120 g Mehl
3 Eier
Salz
400 ml Milch
100 ml Sahne
3 El Butterschmalz
200 g Ricotta
Pfeffer
frisch geriebene Muskatnuss
1 El frisch gehackte Petersilie
2 El geriebener Bergkäse
30 g Butter

Das Mehl in eine Schüssel sieben und die Eier hineinrühren. Salz, Milch und Sahne zugeben und alles zu einem dünnflüssigen Teig verrühren.

Das Butterschmalz in einer Pfanne erhitzen und nacheinander aus dem Teig dünne Palatschinken braten.

Den Ricotta mit Salz, Pfeffer, Muskat würzen und die Petersilie unterrühren. In jeden Palatschinken etwas angemachten Ricotta geben, zusammenrollen und mit geriebenem Käse bestreuen.

Die Butter schmelzen und über die Palatschinken träufeln. Heiß servieren.

Zubereitungszeit: ca. 20 Minuten (plus Bratzeit)
Pro Portion ca. 470 kcal/1974 kJ | 20 g E, 30 g F, 28 g KH

Risotto mit Krebsen

Für 4 Portionen
1 kleine Zwiebel
1 Knoblauchzehe
3 El Olivenöl
1 l Gemüsebrühe
400 g Arborioreis
100 ml trockener Weißwein
Salz
Pfeffer
400 g gekochtes Flusskrebsfleisch
1/2 Bund frisch gehackte Petersilie
1–2 El weiche Butter

Die Zwiebel und die Knoblauchzehe schälen und hacken. Das Olivenöl in einem hohen Topf erhitzen. Die Zwiebel sowie den Knoblauch darin anschwitzen. Die Brühe erhitzen.

Den Reis waschen, abtropfen lassen und in den Topf zu der Zwiebel und dem Knoblauch geben. So lange rühren, bis er vollständig mit Fett überzogen ist. Nun den Wein angießen und so lange kochen, bis er verdampft ist. Nach und nach immer etwa eine Schöpfkelle heiße Brühe zugeben und unter Rühren kochen, bis der Reis die Flüssigkeit aufgesogen hat. Diesen Vorgang wiederholen, bis der Reis weich und cremig ist. Mit Salz und Pfeffer abschmecken.

Kurz vor Ende der Garzeit das Krebsfleisch und die Petersilie unterheben und im Reis erwärmen. Die Butter unter das fertige Risotto rühren, bis es glänzt.

Zubereitungszeit: ca. 20 Minuten (plus Garzeit)
Pro Portion ca. 532 kcal/2234 kJ | 25 g E, 9 g F, 80 g KH

Terlaner Spargelrisotto

Für 4 Portionen
1 Zwiebel
2 El Butter
400 g Risottoreis
200 ml Weißwein
1 l Hühnerbrühe
Salz
Pfeffer
400 g Terlaner Spargel
40 g Butter
frisch geriebene Muskatnuss
40 g frisch geriebener Parmesan
2 El frisch gehackter Kerbel

Die Zwiebel schälen und hacken. Die Butter in einem Topf erhitzen und die Zwiebel darin glasig schwitzen. Den Reis waschen, abtropfen lassen und in den Topf geben. Unter Rühren mitschwitzen, bis er vollständig mit Fett überzogen ist.

Den Wein angießen und rühren, bis der Reis die Flüssigkeit aufgesogen hat. Die Hühnerbrühe erhitzen. Mit einer Schöpfkelle nach und nach die heiße Brühe zum Reis geben, bis das Risotto cremig und weich ist. Mit Salz und Pfeffer würzen.

Den Spargel putzen und schälen, die Enden abschneiden und die Stangen in Stücke schneiden. In einen Topf mit 2 El Butter und wenig Wasser geben, mit Salz, Pfeffer und Muskat würzen. Die Spargelstücke etwa 8 Minuten dünsten. Dann mit dem Saft unter das Risotto mischen. Die restliche Butter und den Käse in das Risotto rühren und mit dem Kerbel bestreut servieren.

Zubereitungszeit: ca. 30 Minuten (plus Gar- und Dünstzeit)
Pro Portion ca. 472 kcal/1982 kJ | 12 g E, 8 g F, 81 g KH

Tortelloni mit Bohnen

Für 4 bis 6 Portionen

Für den Nudelteig:
300 g Weizenmehl
300 g Hartweizenmehl
3 Eier
7 Eigelb
3 El Olivenöl
Mehl für die Arbeitsfläche

Für die Füllung:
1 Zwiebel
3 El Butter
2 El Mehl

500 ml Milch
Salz
Pfeffer
frisch geriebene Muskatnuss
125 ml Sahne
100 g frisch geriebener Parmesan

1 kg frische dicke Bohnen mit Schale
3 El Olivenöl
2 El Gemüsebrühe
Zitronensaft
2 El frisch gehackte Petersilie

Für den Nudelteig alle Zutaten vermischen und zu einem geschmeidigen Teig verarbeiten. Nach Bedarf noch etwas lauwarmes Wasser zugeben. Den Teig in Folie wickeln und 30 Minuten ruhen lassen.

Für die Füllung die Zwiebel schälen und fein hacken. Die Butter in einem Topf erhitzen und die Zwiebel darin glasig schwitzen. Das Mehl darüberstäuben und unterrühren. Die Milch angießen und die Sauce unter Rühren sämig kochen. Mit Salz, Pfeffer und Muskatnuss abschmecken und etwa 30 Minuten dick einkochen. Dann die Sahne angießen und den Käse unterrühren. Zum Abkühlen beiseitestellen.

Den Teig mit einer Nudelmaschine oder dem Nudelholz auf einer bemehlten Arbeitsfläche dünn ausrollen und in etwa 8 x 8 cm große Quadrate schneiden. Auf jedes Teigquadrat 1 Tl Füllung geben und zu einem Dreieck zusammenlegen. Die Spitzen der Dreiecke zusammenbiegen und festdrücken. Die Tortelloni in reichlich kochendem Salzwasser etwa 3 Minuten garen.

Die Bohnen palen und in kochendem Wasser kurz blanchieren. Abgießen und abtropfen lassen. Dann in 1 El heißem Olivenöl schwenken und würzen. Die restlichen Zutaten miteinander zu einer Sauce vermischen. Die Tortelloni mit den Bohnen auf Teller geben und mit der Sauce beträufeln.

Zubereitungszeit. ca. 40 Minuten (plus Zeit zum Ruhen, Koch- und Garzeit)
Pro Portion ca. 701 kcal/2944 kJ | 33 g E, 34 g F, 63 g KH

Schupfnudeln

Für 4 Portionen
500 g Kartoffeln
Salz
6 Eigelb
3–4 El Mehl
Pfeffer
frisch geriebene Muskatnuss
4 El Butter

Die Kartoffeln waschen und in wenig gesalzenem Wasser etwa 20 Minuten kochen. Abgießen und die Kartoffeln gut ausdampfen lassen. Anschließend die Kartoffeln schälen und durch eine Kartoffelpresse drücken.

Die Eigelbe und etwas Mehl mit dem Kartoffelbrei vermischen, sodass ein fester Teig entsteht. Mit Salz, Pfeffer und Muskat würzen.

Aus dem Kartoffelteig 2 cm dicke Rollen formen und diese in etwa 4 cm lange Stücke schneiden. Die Teigstücke zwischen den Händen ähnlich wie kleine Zigarren rollen.

Die Schupfnudeln in kochendem Salzwasser etwa 5 Minuten ziehen lassen. Abgießen und zum Abtropfen auf ein Küchentuch legen. Die Butter in einer Pfanne erhitzen und die Schupfnudeln darin goldbraun braten. Als Beilage zu Kraut und Fleischgerichten servieren.

Zubereitungszeit: ca. 20 Minuten (plus Zeit zum Kochen und Ziehen)
Pro Portion ca. 270 kcal/1134 kJ | 8 g E, 15 g F, 24 g KH

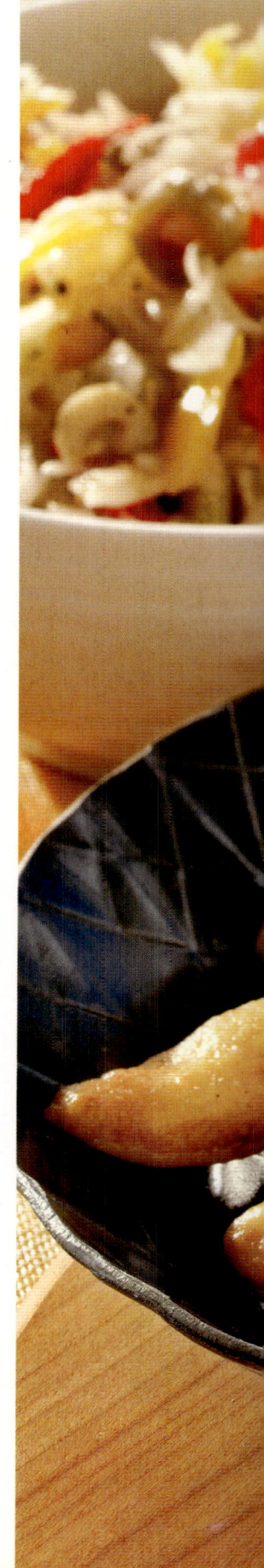

Kürbis-Cannelloni

Für 4 Portionen

1 Zwiebel
1 Knoblauchzehe
2 El Olivenöl
400 g Kürbis
150 ml Gemüsebrühe
Salz
Pfeffer
1 Prise Piment
frisch geriebene Muskatnuss
Nudelteig (siehe Seite 66/67)
1 Eiweiß
Mehl für die Arbeitsfläche

Für die Sauce:
225 ml Milch
80 g Schmelzkäse mit Kräutern
1 Prise Cayennepfeffer
Salz
Pfeffer
1 Spritzer Zitronensaft
1 El frisch gehackte Petersilie

Die Zwiebel und die Knoblauchzehe schälen, fein hacken und im heißen Olivenöl glasig schwitzen. Den Kürbis schälen und fein würfeln. In den Topf geben und mitschwitzen. Die Brühe angießen und den Kürbis etwa 15 Minuten köcheln. Dann pürieren und mit den Gewürzen abschmecken.

Den Nudelteig auf einer bemehlten Arbeitsfläche dünn zu vier Rechtecken (10 x 40 cm) ausrollen. Die Ränder mit verquirltem Eiweiß einstreichen. Die Kürbismasse auf die Teigstücke geben und die Teigstücke von der Längsseite aus zusammenrollen. Die Enden leicht zusammendrücken. Die Cannelloni in kochendem Salzwasser etwa 3 Minuten garen.

Für die Sauce die Milch in einem Topf zum Kochen bringen. Den Schmelzkäse hineingeben und unter Rühren auflösen. Mit Cayennepfeffer, Salz, Pfeffer und Zitronensaft abschmecken. Die Cannelloni auf Teller geben, mit der Sauce überziehen und mit gehackter Petersilie bestreuen.

Zubereitungszeit: ca. 30 Minuten (plus Koch- und Garzeit)
Pro Portion ca. 238 kcal/999 kJ | 13 g E, 8 g F, 25 g KH

Kastaniennudeln mit Fleischragout

Für 4 Portionen

Für den Kastaniennudelteig:
125 g Kastanienmehl
375 g Weizenmehl
4 Eier
Salz
1 El Olivenöl
Mehl für die Arbeitsfläche

2 Zwiebeln
1 Knoblauchzehe
2 El Olivenöl
2 El Tomatenmark
750 g Rinderhackfleisch
2 Karotten
100 g Sellerie
1 Tl getrockneter Rosmarin
1 Tl getrockneter Thymian
Salz
Pfeffer
500 ml trockener Weißwein

Die Zutaten für den Nudelteig vermischen, etwas Wasser zufügen und zu einem geschmeidigen Teig kneten. Etwa 30 Minuten ruhen lassen, dann den Teig auf einer bemehlten Arbeitsfläche dünn ausrollen und daraus zentimeterbreite Bandnudeln schneiden.

Die Zwiebeln und die Knoblauchzehe schälen und hacken. Das Öl in einer Pfanne erhitzen und beides darin glasig schwitzen. Das Tomatenmark zugeben und kurz mit-schwitzen. Dann das Hackfleisch zugeben und unter Rühren krümelig braten. Die Karotten und den Sellerie schälen, würfeln und zum Hackfleisch geben. Die Kräuter einrühren und die Mischung mit Salz und Pfeffer würzen.

Den Wein angießen und alles etwa 20 Minuten köcheln. Inzwischen die Bandnudeln in reichlich kochendem Salzwasser etwa 4 Minuten bissfest garen. Abgießen, abtropfen lassen und mit der Fleischsauce anrichten.

Zubereitungszeit: ca. 30 Minuten (plus Zeit zum Ruhen, Koch- und Garzeit)
Pro Portion ca. 912 kcal/3830 kJ | 56 g E, 36 g F, 84 g KH

Polenta, Knödel und Nocken

Gnocchi mit Gorgonzola und Nüssen

Für 4 Portionen
200 g Kartoffeln
Salz
250 g Ricotta
50 g frisch geriebener Parmesan
40 g geriebene Walnüsse
1 Eigelb
frisch geriebene Muskatnuss
Pfeffer
100 g Mehl
100 ml Hühnerbrühe
125 g Crème fraîche
100 g Gorgonzola
2 El Olivenöl
1 Tl Butter für die Form

Die Kartoffeln waschen, in wenig gesalzenem Wasser etwa 20 Minuten kochen. Dann abgießen, abtropfen lassen, schälen und zerstampfen. Den Brei etwas abkühlen lassen.

Den Kartoffelbrei mit dem Ricotta, 30 g Parmesan, den Nüssen, Eigelb, Salz, etwas Muskat, Pfeffer und Mehl in einer Schüssel zu einem Teig verkneten. Aus dem Teig 1,5 cm dicke Rollen formen, davon 2 cm lange Stücke abschneiden.

Die Hühnerbrühe mit der Crème fraîche in einem Topf aufkochen, vom Herd nehmen und den gewürfelten Gorgonzola darin unter Rühren schmelzen. Mit Muskat und Pfeffer würzen und das Öl unterrühren. Sollte die Sauce zu kräftig sein, noch etwas Milch hinzufügen. Den Backofen auf 220 °C (Umluft 200 °C) vorheizen.

Die Gnocchi in kochendem Salzwasser garen, bis sie an die Oberfläche steigen. Mit dem Schaumlöffel herausheben und in eine gefettete Auflaufform geben. Die Gorgonzolasauce darübergießen, mit dem restlichen Parmesan bestreuen und im Backofen etwa 10 Minuten überbacken.

Zubereitungszeit: ca. 30 Minuten (plus Koch- und Backzeit)
Pro Portion ca. 475 kcal/1995 kJ | 18 g E, 32 g F, 27 g KH

Spinatspatzen

Für 4 Portionen
6 große Kartoffeln
Salz
250 g Spinat
2 Eier
Pfeffer
frisch geriebene Muskatnuss
200 g Butter
300 g frisch geriebener Pecorino
1 Tl Zitronensaft
Fett für die Form

Die Kartoffeln waschen, in wenig gesalzenem Wasser etwa 20 Minuten kochen. Dann abgießen, abtropfen und abkühlen lassen. Anschließend schälen und zerstampfen.

Den Spinat verlesen, waschen, tropfnass in einen Topf geben und zusammenfallen lassen, dann abgießen und fein hacken. Den Kartoffelbrei mit Spinat, Eiern, Salz, Pfeffer und etwas Muskat zu einem Teig verarbeiten.

Den Backofen auf 180 °C (Umluft 160 °C) vorheizen. Aus dem Teig kleine Stücke („Spatzen") formen und in eine gefettete Auflaufform geben. Die Butter in einem Topf zerlassen, den Käse und etwas Zitronensaft dazugeben, kurz umrühren und über die Spatzen gießen. Die Spinatspatzen im Ofen etwa 15 Minuten backen.

Zubereitungszeit: ca. 30 Minuten (plus Koch- und Backzeit)
Pro Portion ca. 722 kcal/3032 kJ | 28 g E, 56 g F, 24 g KH

Ziegenkäsenocken

Für 4 bis 6 Portionen
3 Brötchen vom Vortag
3 El Sahne
100 ml Milch
125 g Butter
2 Eier
Salz
Pfeffer
frisch geriebene Muskatnuss
250 g Ziegenfrischkäse
70 g Mehl
50 g Hartweizengrieß
75 g frisch geriebener Grana Padano

Die Brötchen in Würfel schneiden und in der warmen Sahne und Milch einweichen. Die Butter schmelzen. Die Eier trennen. 75 g Butter mit den Eigelben und den Gewürzen schaumig schlagen.

Den Ziegenfrischkäse und unter die Butter-Ei-Mischung rühren. Das Mehl und den Grieß dazugeben und alles mit den ausgedrückten Brötchen zu einem festen Teig verarbeiten. Den Teig abgedeckt 1 Stunde ruhen lassen. Anschließend die Eiweiße steif schlagen und unterheben.

Mit einem Löffel Nocken vom Teig abstechen und in kochendem Salzwasser etwa 10 Minuten garen. Mit einem Schaumlöffel herausheben, mit der restlichen braunen Butter beträufeln und mit Käse bestreut servieren. Dazu einen Rote-Bete-Salat reichen.

Zubereitungszeit: ca. 20 Minuten (plus Einweich-, Ruhe- und Garzeit)
Pro Portion ca. 503 kcal/2112 kJ | 14 g E, 37 g F, 27 g KH

Schinkenknödel

Für 4 Portionen
300 g Weißbrot
150 ml Milch
200 g gekochter Schinken
2 Zwiebeln
2 El Sonnenblumenöl
2 Eier
50 g Mehl
Salz
Pfeffer
2 El frisch gehackte Petersilie
1 El frisch gehackter Schnittlauch
1/2 Tl getrockneter Thymian
50 g frisch geriebener Parmesan

Das Brot in kleine Würfel schneiden und in der warmen Milch einweichen. Den Schinken würfeln, die Zwiebeln schälen und fein hacken. Das Öl in einer Pfanne erhitzen und die Zwiebeln sowie den Schinken darin anbraten.

Die Eier mit den Zwiebeln, dem Schinken, dem Mehl, Salz, Pfeffer, den Kräutern und dem ausgedrückten Brot zu einem geschmeidigen Teig verarbeiten.

Aus der Masse mit angefeuchteten Händen kleine Knödel formen und in kochendem Salzwasser etwa 15 Minuten ziehen lassen. Mit Käse bestreuen und zu grünem Salat servieren.

Zubereitungszeit: ca. 20 Minuten (plus Einweich-, Brat- und Garzeit)
Pro Portion ca. 372 kcal/1562 kJ | 22 g E, 9 g F, 49 g KH

Polentaauflauf mit Hack

Für 4 Portionen
1 l Milch
1 Tl Salz
Pfeffer
200 g grober Maisgrieß

Für die Füllung:
2 Zwiebeln
2 Karotten
2 El Olivenöl
500 g gemischtes Hackfleisch
1 El Rotweinessig
125 ml trockener Rotwein

125 ml Fleischbrühe
Salz
10–15 Tropfen Tabasco
1 El edelsüßes Paprikapulver
1 El frisch gehackte Petersilie
100 g Tiroler Bergkäse
Fett für die Form

Die Milch mit dem Salz und etwas Pfeffer in einem Topf zum Kochen bringen. Die Temperatur herunterschalten und den Maisgrieß unter ständigem Rühren einrieseln lassen. 15 bis 20 Minuten quellen lassen, dabei öfter umrühren.

Die Zwiebeln und die Karotten schälen, beides in feine Würfel schneiden. In einer großen Pfanne das Öl erhitzen und die Zwiebelwürfel darin glasig schwitzen. Das Hackfleisch zugeben und gut anbraten. Die Karottenwürfel dazugeben, Essig, Wein und Fleischbrühe angießen.

Das Ragout 10 bis 15 Minuten köcheln lassen, bis die Flüssigkeit auf die Hälfte reduziert ist. Mit Salz und Tabasco würzen und die Kräuter unterheben. Den Backofen auf 200 °C (Umluft 180 °C) vorheizen.

Eine Auflaufform mit Butter ausstreichen, eine dünne Schicht Polentabrei einfüllen, die Hackfleischmischung daraufgeben, mit dem restlichen Maisbrei bedecken und glatt streichen. Den Auflauf etwa 20 Minuten backen. Dann den Käse über den Auflauf reiben und weitere 15 Minuten backen, bis der Käse geschmolzen ist.

Zubereitungszeit: ca. 20 Minuten (plus Koch-, Dünst- und Backzeit)
Pro Portion ca. 822 kcal/3452 kJ | 44 g E, 45 g F, 54 g KH

Gnocchi mit Rucola und Pilzen

Für 4 Portionen
400 g Gnocchi (Rezept Seite 76/77)
2 Bund Rucola
1–2 Schalotten
250 g frische Pilze
(Champignons, Pfifferlinge, Steinpilze)
3 El Olivenöl
Salz
Pfeffer
150 ml Gemüsebrühe
200 g Schmand
50 g Pinienkerne
frisch geriebener Parmesan

Den Rucola putzen, waschen und trocken schütteln. Die Schalotten schälen und hacken. Die Pilze putzen, waschen und abtropfen lassen.

Das Öl in einer Pfanne erhitzen und die Zwiebeln darin glasig schwitzen. Die Pilze zugeben und mitschwitzen. Den Rucola in die Pfanne geben und kurz anschwitzen. Mit Salz und Pfeffer abschmecken.

Die Brühe angießen und alles etwa 10 Minuten bei geringer Temperatur köcheln lassen, bis die Brühe fast verkocht ist. Dann den Schmand einrühren, bis eine sämige Sauce entstanden ist. In einer zweiten Pfanne die Pinienkerne ohne Fett rösten.

Die Gnocchi in kochendem Salzwasser etwa 4 Minuten garen, dann mit einer Schaumkelle herausheben, abtropfen lassen und auf Tellern anrichten. Die Sauce darübergießen und mit Parmesan und Pinienkernen bestreut servieren.

Zubereitungszeit: ca. 30 Minuten (plus Koch- und Garzeit)
Pro Portion ca. 635 kcal/2667 kJ | 20 g E, 29 g F, 71 g KH

Polenta mit Sardellen

Für 4 Portionen
Salz
250 g Maisgrieß
10 eingelegte Sardellenfilets
100 g Butter
80 g frisch geriebener Parmesan
Fett für die Form

In einem großen Topf 1 l Salzwasser zum Kochen bringen und den Maisgrieß einrieseln lassen. Den Grieß unter Rühren etwa 40 Minuten köcheln, bis er gequollen ist und sich vom Topfboden löst.

Den Backofen auf 225 °C (Umluft 200 °C) vorheizen. Eine feuerfeste Form mit Butter ausstreichen. Den Grieß in die Form geben und glatt streichen.

Die Sardellenfilets kalt abspülen, trocken tupfen und klein schneiden, über der Polenta verteilen. Die Butter zerlassen und die Hälfte über die Sardellen geben. Dann die Hälfte des Parmesans darüberstreuen. Im Backofen 10 Minuten überbacken.

Die restliche Butter und den restlichen Parmesan zur Polenta reichen. Als Beilage zu Fleischgerichten oder als Hauptmahlzeit mit einem Salat servieren.

Zubereitungszeit: ca. 25 Minuten plus Koch- und Backzeit)
Pro Portion ca. 515 kcal/2163 kJ | 17 g E, 29 g F, 46 g KH

Käsenocken

Für 4 Portionen
150 g Weißbrot
100 ml Milch
Salz
Pfeffer
1 Tl edelsüßes Paprikapulver
4 Frühlingszwiebeln
2 El Öl
100 g Appenzeller
2 Eier
1 El Mehl
2 El Butter
30 g frisch geriebener Parmesan
2 El frisch gehackter Schnittlauch

Das Brot in Würfel schneiden und mit der warmen Milch übergießen. Mit den Gewürzen mischen. Die Frühlingszwiebeln putzen, waschen und in feine Ringe schneiden. Im heißen Öl 2 Minuten dünsten.

Den Käse fein reiben. Die Frühlingszwiebeln, die Eier, das Mehl und den Käse zum Brot geben und alles zu einem festen Teig verarbeiten. Den Teig etwa 30 Minuten abgedeckt ruhen lassen.

Reichlich Salzwasser in einem großen Topf zum Kochen bringen. Mit nassen Händen aus dem Teig längliche Rollen formen und daraus Nocken schneiden. Im Wasser 4 Minuten ziehen lassen.

Die Butter in einer Pfanne schmelzen, die Nocken darin schwenken, mit Parmesan und Schnittlauch bestreut servieren.

Zubereitungszeit: ca. 30 Minuten (plus Dünst- und Garzeit)
Pro Portion ca. 292 kcal/1226 kJ | 16 g E, 15 g F, 22 g KH

Kartoffelknödel mit Käsesauce

Für 4 Portionen
500 g Kartoffeln
Salz
100 g Ricotta
150 g Mehl
2 Eigelb
Pfeffer
gemahlene Muskatnuss

Für die Käsesauce:
100 g Bergkäse
125 ml Sahne
100 ml Hühnerbrühe
50 ml Weißwein
Salz
Pfeffer
gemahlene Muskatnuss

100 g getrocknete Tomaten in Öl
50 g schwarze Oliven ohne Stein
2 El frisch gehackter Schnittlauch

Die Kartoffeln waschen, in wenig gesalzenem Wasser etwa 20 Minuten kochen, abgießen und ausdämpfen lassen. Dann schälen und zerstampfen.

Den Kartoffelbrei mit Ricotta, Mehl, Eigelb und den Gewürzen zu einem festen Teig verarbeiten. Den Kartoffelteig etwa 30 Minuten abgedeckt ruhen lassen. Aus dem Teig mit feuchten Händen tischtennisballgroße Knödel formen und in kochendem Salzwasser etwa 7 Minuten garen.

Für die Sauce den Käse reiben. Die Sahne mit der Brühe und dem Wein in einem Topf erhitzen und den Käse unter Rühren darin schmelzen lassen. Mit Salz, Pfeffer und Muskatnuss abschmecken.

Die getrockneten Tomaten abtropfen lassen und würfeln. Die Oliven hacken. Die Kartoffelknödel auf Tellern mit der Käsesauce anrichten und mit den Tomatenwürfeln und gehackten Oliven garnieren. Mit Schnittlauch bestreut servieren.

Zubereitungszeit: ca. 30 Minuten (plus Ruhe- und Garzeit)
Pro Portion ca. 537 kcal/2255 kJ | 19 g E, 28 g F, 48 g KH

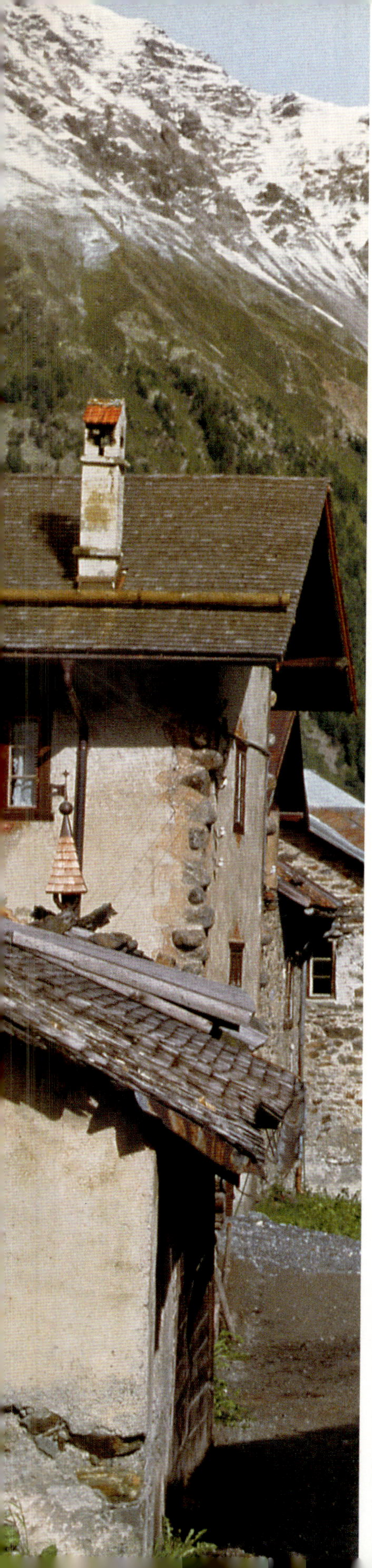
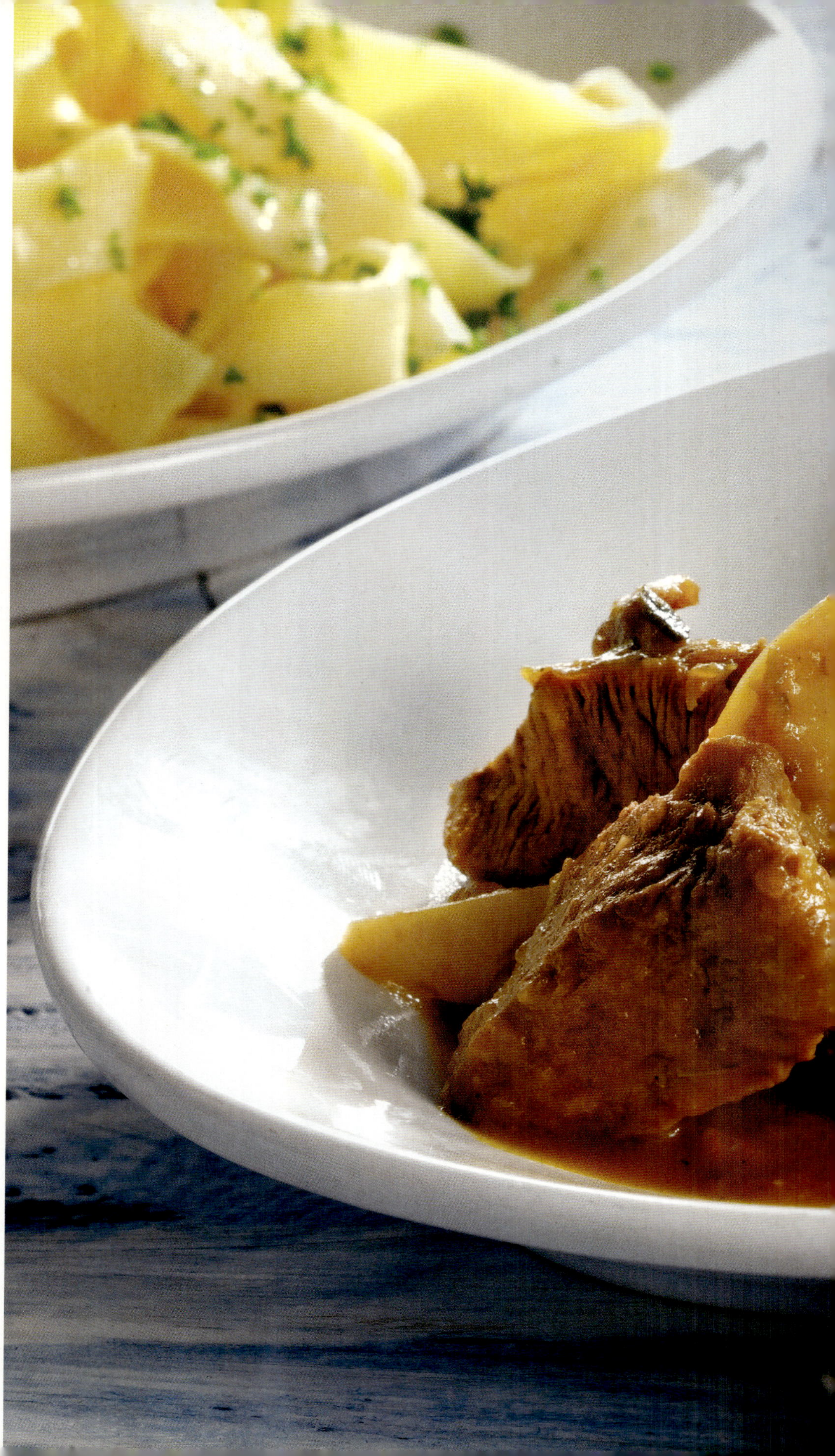

Fleisch, Wild- und Geflügelgerichte

Lammkoteletts in Marsala

Für 4 Portionen
12 Lammkoteletts (ca. 600 g)
3 El Olivenöl
Salz
Pfeffer
3 Schalotten
2 Knoblauchzehen
50 ml Marsala
5 getrocknete Tomaten in Öl
50 g schwarze Oliven ohne Stein

Die Lammkoteletts waschen und trocken tupfen. Das Öl in einer Pfanne erhitzen und das Fleisch darin von jeder Seite etwa 2 Minuten anbraten. Leicht mit Salz und Pfeffer würzen. Dann bei geringer Temperatur noch 1 Minute weiterbraten. Die Lammkoteletts aus der Pfanne nehmen und beiseitestellen.

Die Schalotten und den Knoblauch schälen und fein hacken. In die Pfanne geben und hell anschwitzen. Den Marsala hinzufügen und unter Rühren den Bratensatz loskochen. Die Tomaten abtropfen lassen, würfeln, dazugeben und alles 5 Minuten köcheln.

Die Oliven hacken und zugeben. Die Sauce mit Salz und Pfeffer abschmecken. Den ausgelaufenen Fleischsaft zugeben und die Koteletts nochmals kurz in der Sauce erhitzen. Mit Risotto und Gemüse nach Wahl servieren.

Zubereitungszeit: ca. 20 Minuten (plus Schmorzeit)
Pro Portion ca. 307 kcal/1289 kJ | 43 g E, 13 g F, 1 g KH

Gekochtes Rindfleisch in Kräutercreme

Für 4 Portionen
800 g Rindfleisch zum Kochen
1 Zwiebel
1 Bund Suppengemüse
Salz
Pfefferkörner

Für die Kräutercreme:
100 g Mayonnaise
100 g Crème fraîche
3 Gewürzgurken
1 Tl Kapern
2 El frisch gehackte Petersilie
2 El frisch gehackter Schnittlauch

Das Fleisch waschen und in einen Topf mit so viel Wasser geben, dass es bedeckt ist. Die Zwiebel schälen und würfeln. Das Suppengemüse putzen, waschen, nach Bedarf schälen und würfeln.

Die Zwiebel mit dem Suppengemüse, Salz und Pfeffer in den Topf geben und alles zum Kochen bringen. Das Fleisch etwa 2 Stunden sanft köcheln.

Für die Kräutercreme die Mayonnaise mit der Crème fraîche, den gehackten Gewürzgurken und Kapern verrühren und die Kräuter unterheben.

Das Fleisch aus der Brühe nehmen, abtropfen lassen und quer zur Faser in dünne Scheiben schneiden. Mit der Kräutercreme und Röstkartoffeln servieren.

Zubereitungszeit: ca. 30 Minuten (plus Garzeit)
Pro Portion ca. 312 kcal/1310 kJ | 6 g E, 30 g F, 4 g KH

Wildschweinragout

Für 4 Portionen
1 kg durchwachsenes Wildschweinfleisch
2 Zwiebeln
2 Karotten
150 g Sellerie
1 Lauchstange
5 El Olivenöl
Salz
Pfeffer
1 El Mehl
750 ml Rotwein
300 g Steinpilze
1 Schalotte
2 El frisch gehackte Petersilie
4 El Butter

Das Fleisch waschen, von Haut und Sehnen befreien, trocken tupfen und in Würfel schneiden. Die Zwiebeln, die Karotten und den Sellerie schälen und würfeln. Den Lauch putzen, waschen und in Ringe schneiden.

3 El Olivenöl in einem Bräter erhitzen und die Fleischwürfel darin gut anbraten. Mit Salz und Pfeffer würzen und mit dem Mehl bestäuben. Kurz weiterbraten, dann das Fleisch aus der Pfanne nehmen und das Gemüse im Bratensatz anschwitzen. Den Wein angießen und das Fleisch zurück in die Pfanne geben. Das Ragout abgedeckt etwa 1 Stunden 30 Minuten schmoren. Dann das Fleisch aus der Pfanne nehmen. Die Sauce durch ein Sieb streichen.

Die Pilze putzen, waschen und klein schneiden. Die Schalotte schälen und fein hacken. Im restlichen Olivenöl beides einige Minuten anschwitzen. Mit Salz und Pfeffer würzen und die Petersilie unterheben. Die Pilze mit den Fleischwürfeln in die Sauce geben, die Butter unterrühren und das Wildschweinragout mit frischer Pasta servieren.

Zubereitungszeit: ca. 40 Minuten (plus Schmorzeit und Zeit zum Anschwitzen)
Pro Portion ca. 570 kcal/2394 kJ | 56 g E, 35 g F, 7 g KH

Rindergulasch mit Speckknödeln

Für 4 Portionen
400 g Zwiebeln
40 g Butterschmalz
800 g Rindergulasch
2 El Tomatenmark
2 El edelsüßes Paprikapulver
1 l Fleischbrühe
1/2 El Kümmel
1/2 El getrockneter Majoran
2 Knoblauchzehen
2 El frisch gehackte Petersilie

Den Backofen auf 150 °C (Umluft 130 °C) vorheizen. Die Zwiebeln schälen und fein hacken. Das Butterschmalz in einem Bräter erhitzen und die Zwiebeln darin unter Rühren glasig schwitzen. Die Fleischwürfel waschen, trocken tupfen und in die Pfanne geben. Unter Rühren von allen Seiten anbraten. Das Tomatenmark hinzufügen und mitbraten. Mit Paprika überstäuben.

Die Fleischbrühe angießen und Kümmel sowie Majoran hinzufügen. Das Gulasch abgedeckt im Ofen etwa 2 Stunden schmoren. 30 Minuten vor Ende der Garzeit die geschälten Knoblauchzehen zum Gulasch geben.

Die Petersilie unter das Gulasch rühren und mit Speckknödeln servieren.

Zubereitungszeit: ca. 30 Minuten (plus Schmorzeit)
Pro Portion ca. 447 kcal/1877 kJ | 41 g E, 28 g F, 7 g KH

Rinderbraten in Rotwein

Für 4 bis 6 Portionen

200 g Karotten
200 g Sellerie
100 g Zwiebeln
150 g Tomaten
1 kg Rinderbraten aus der Keule
Salz
Pfeffer
40 g Butterschmalz

3 Knoblauchzehen
1 El Tomatenmark
2 Nelken
1 Rosmarinzweig
1 Lorbeerblatt
500 ml Rotwein
500 ml Fleischbrühe
2 El frisch gehackter Schnittlauch

Die Karotten und den Sellerie putzen, schälen und grob würfeln. Die Zwiebeln schälen und würfeln. Die Tomaten waschen, von den Stielansätzen befreien und achteln. Das Fleisch waschen, trocken tupfen und mit Salz und Pfeffer einreiben.

Das Butterschmalz in einem Bräter erhitzen und das Fleisch von allen Seiten darin anbraten. Inzwischen die Knoblauchzehen schälen und würfeln. Das Tomatenmark zum Fleisch geben und anrösten. Dann Karotten und Sellerie, Zwiebeln, Knoblauch und Gewürze dazugeben und mitrösten. Den Wein und die Brühe angießen. Den Braten abgedeckt bei mittlerer Temperatur etwa 2 Stunden schmoren.

Das Fleisch aus dem Bräter nehmen und warm stellen. Die Sauce durch ein Sieb streichen und sämig einkochen. Das Fleisch in Scheiben schneiden. Mit der Sauce und Schnittlauchröllchen servieren. Die Tomatenachtel dazulegen. Zum Rinderbraten passen Knödel oder Nudeln.

Zubereitungszeit: ca. 30 Minuten (plus Schmorzeit)
Pro Portion ca. 373 kcal/1566 kJ | 34 g E, 21 g F, 5 g KH

Lammragout

Für 4 bis 6 Portionen

1,25 kg Lammfleisch aus der
Schulter oder Keule
3 El Senf
3 El Olivenöl
je 1 Thymian-, Rosmarin-
und Salbeizweig
400 g Zwiebeln
2 Knoblauchzehen
300 g Karotten
2 Tomaten

1/2 Stangensellerie
1 getrocknete rote Chilischote
Salz
Pfeffer
750 ml trockener Weißwein
Fleischbrühe nach Bedarf
60 g kalte Butter
500 g gekochte Kartoffeln
1 Prise Cayennepfeffer
2 El Zitronensaft

Das Lammfleisch waschen und trocken tupfen. Mit Senf einreiben und über Nacht
durchziehen lassen. Das Öl in einem Bräter erhitzen und das Lammfleisch darin von
allen Seiten kräftig anbraten. Die gewaschenen Kräuterzweige dazugeben.

Den Backofen auf 150 °C (Umluft 130 °C) vorheizen. Die Zwiebeln schälen, würfeln
und ebenfalls in den Bräter legen. Die Karotten schälen und die Hälfte in Scheiben
schneiden. Die Tomaten waschen, von den Stielansätzen befreien und achteln. Den
Stangensellerie putzen, waschen und in Scheibchen schneiden. Die Tomaten, den
Sellerie und die Karottenscheiben zum Fleisch geben, die getrocknete Chilischote
hineinbröseln und mit Salz und Pfeffer würzen. Den Wein angießen und das Lammfleisch im Ofen abgedeckt etwa 1 Stunde 30 Minuten schmoren. Nach Bedarf nach
der Hälfte der Garzeit etwas Brühe nachgießen.

Das Fleisch aus dem Bräter nehmen und in Würfel schneiden. Die Sauce durch ein
Sieb passieren. Mit dem Schneebesen schaumig schlagen und 30 g kalte Butter einrühren. Die Sauce mit Cayennepfeffer pikant abschmecken. Das Fleisch in die Sauce
geben.

Die Kartoffeln in Schnitze schneiden. Die restlichen Karotten in Streifen schneiden
und in 2 El Butter anschwitzen. Die Kartoffelschnitze zugeben und goldbraun braten.
Mit Zitronensaft, Salz und Pfeffer abschmecken. Die Mischung unter das Lammragout
rühren und servieren.

Zubereitungszeit: ca. 40 Minuten (plus Zeit zum Ziehen, Schmor- und Bratzeit)
Pro Portion ca. 530 kcal/2226 kJ | 61 g E, 19 g F, 20 g KH

Hirschsteak mit Bratapfel

Für 4 Portionen
Für die Bratäpfel:
2 kleine Äpfel
4 Tl Holundergelee
8 Mandeln
25 g Butter
50 ml Weißwein

4 Hirschrückensteaks à 180 g
2 El Öl
Salz
Pfeffer
1 Rosmarinzweig
2 Wacholderbeeren
1 Petersilienstängel
1 Thymianzweig
1 cl Cognac
1 El kalte Butter

Den Backofen auf 200 °C (Umluft 180 °C) vorheizen. Die Äpfel waschen, schälen und halbieren. Das Kerngehäuse herausschneiden und das Holundergelee in die Öffnung füllen. Mit je 2 Mandeln und einer Butterflocke belegen und in einer Pfanne im Ofen 10 bis 15 Minuten braten. Den Wein nach und nach dazugießen.

Die Hirschsteaks waschen und trocken tupfen. Aus Öl, Salz, Pfeffer und den Gewürzen eine Marinade herstellen und das Fleisch darin 1 Stunde marinieren. Die Steaks herausnehmen und in einer heißen Pfanne von allen Seiten scharf anbraten. Das Fleisch in der Pfanne für etwa 5 Minuten in den vorgeheizten Backofen geben.

Das Fleisch aus der Pfanne nehmen und warm stellen. Den Bratensatz mit dem Cognac ablöschen und die Sauce mit der kalten Butter binden. Die Hirschsteaks mit der Sauce und den halben Bratäpfeln anrichten. Dazu Rösti servieren.

Zubereitungszeit: ca. 30 Minuten (plus Brat- und Kochzeit)
Pro Portion ca. 462 kcal/1940 kJ | 41 g E, 27 g F, 10 g KH

Lammrücken auf Linsengemüse

Für 4 Portionen
800 g Lammrücken, ohne Wirbel-,
aber mit Rippenknochen
Salz
Pfeffer
3 El Olivenöl
2 Frühlingszwiebeln
200 g kleine Linsen
4 Tomaten
250 ml Gemüsebrühe
150 ml trockener Weißwein
150 ml Lammfond
25 g Butter
2 El frisch gehacktes Basilikum

Den Backofen auf 110 °C (Umluft 90 °C) vorheizen. Das Lammfleisch waschen, trocken tupfen, die Rippen säubern und das Fleisch mit Salz und Pfeffer einreiben.

2 El Öl in einem Bräter erhitzen und den Lammrücken darin von allen Seiten gut anbraten. Den Bräter in den Ofen stellen und das Fleisch etwa 30 Minuten garen.

Die Frühlingszwiebeln putzen, waschen und in Ringe schneiden. Das restliche Öl erhitzen und die Zwiebelringe darin anschwitzen. Die Linsen waschen, abtropfen lassen und dazugeben. Die Tomaten waschen, heiß überbrühen, von den Stielansätzen, Häuten und Kernen befreien und hacken. Unter die Linsen rühren. Die Gemüsebrühe angießen und die Linsen etwa 20 Minuten kochen.

Das Fleisch aus dem Bräter nehmen und in Scheiben schneiden. Den Bratensatz mit Wein und Fond lösen und etwas einkochen. Die Butter einrühren und abschmecken.

Das Linsengemüse auf Teller verteilen und die Fleischstücke darauflegen. Die Sauce darübergeben. Mit Basilikum garnieren.

Zubereitungszeit: ca. 30 Minuten (plus Gar- und Kochzeit)
Pro Portion ca. 582 kcal/2444 kJ | 70 g E, 17 g F, 29 g KH

Zwiebelrostbraten

Für 4 Portionen
4 Zwiebeln
4 Scheiben Roastbeef
(ca. 2 cm dick)
Pfeffer
2 El Butterschmalz
Salz
2 El Butter
1 El Mehl
1/2 Bund frisch gehackte
Petersilie

Den Backofen auf 100 °C (Umluft 80 °C) vorheizen. Die Zwiebeln schälen und in dünne Ringe schneiden. Das Fleisch kalt abwaschen, trocken tupfen und von beiden Seiten kräftig mit Pfeffer einreiben.

Das Butterschmalz in einer großen Pfanne erhitzen und die Roastbeefscheiben darin von beiden Seiten kräftig anbraten. Salzen und bei etwas geringerer Temperatur noch etwa 4 Minuten braten, dann aus der Pfanne nehmen und abgedeckt im vorgeheizten Ofen warm halten.

Die Butter in der Pfanne schmelzen und die Zwiebelringe darin braun rösten. Ganz leicht mit Mehl bestäuben und die Petersilie dazugeben, mit Salz und Pfeffer würzen.

Die Fleischscheiben auf Teller legen und die Zwiebelmischung darauf verteilen. Dazu passen Röstkartoffeln und Salat.

Zubereitungszeit: ca. 20 Minuten (plus Brat- und Röstzeit)
Pro Portion ca. 370 kcal/1554 kJ | 46 g E, 18 g F, 5 g KH

Kalbsrücken in der Meerrettichkruste

Für 4 Portionen

4 Kalbsrückensteaks
(ca. 2,5 cm dick)
2 Knoblauchzehen
1 Rosmarinzweig
2 Salbeizweige
1 Thymianzweig
3 El Olivenöl
Salz
Pfeffer

Für die Meerrettichkruste:
30 g Butter
2 Eigelb
50 g Paniermehl
50 g frisch geriebener Pecorino
2 El frisch geriebener Meerrettich
100 g fein geriebene Karotte
1 El Sonnenblumenöl
Salz
Pfeffer
1 El frisch gehackter Dill

Das Fleisch waschen und trocken tupfen. Die Knoblauchzehen schälen und hacken. Die Kräuter waschen und trocken schütteln.

Das Öl in einer Pfanne erhitzen und die Kalbssteaks darin von beiden Seiten etwa 2 Minuten braten, damit sie innen noch rosa sind. Den Knoblauch und die Kräuter mitbraten. Das Fleisch würzen, aus der Pfanne nehmen und warm stellen.

Die Zutaten für die Kruste miteinander verrühren und auf den Kalbssteaks verteilen. (Wenn es zu viel Kruste gibt, die Reste zu einer Rolle formen und in Folie im Kühlschrank aufbewahren.) Die Steaks mit Kruste unter dem heißen Grill goldbraun und knusprig backen.

Zubereitungszeit: ca. 20 Minuten (plus Brat- und Backzeit)
Pro Portion ca. 382 kcal/1604 kJ | 37 g E, 26 g F, 12 g KH

Schweineschinken mit Röstkartoffeln

Für 4 Portionen
500 g Kartoffeln
Salz
4 Scheiben gekochter
Hinterschinken vom Schwein
(ca. 0,5 cm dick)
100 ml Brühe
4 El Weißwein
3 El Olivenöl
Pfeffer
1 Tl getrockneter Majoran
1 El Butter
2 El frisch gehackter Schnittlauch
4 El Sahnemeerrettich aus dem Glas

Die Kartoffeln bereits am Vortag in wenig gesalzenem Wasser etwa 20 Minuten kochen und abgießen.

Den Backofen auf 120 °C (Umluft 100 °C) vorheizen. Die Schinkenscheiben auf vier Alufoliestücke auf ein Backblech legen und mit der Brühe und dem Wein begießen. Die Folien verschließen und die Schinkenscheiben im Backofen erhitzen.

Die Kartoffeln pellen und in Scheiben schneiden. Das Öl in einer Pfanne erhitzen und die Kartoffelscheiben darin unter mehrmaligem Wenden knusprig braten. Mit Salz, Pfeffer und Majoran würzen. Die Kartoffeln mit der Butter überziehen.

Die Schinkenscheiben aus der Folie wickeln und auf Tellern mit den Röstkartoffeln anrichten. Mit Schnittlauchröllchen bestreuen. Dazu Sahnemeerrettich reichen.

Zubereitungszeit: ca. 20 Minuten (plus Zeit zum Kochen, Erhitzen und Braten)
Pro Portion ca. 442 kcal/1856 kJ | 44 g E, 19 g F, 20 g KH

Taubenbrust mit gemischtem Spargel

Für 4 Portionen
500 g weißer Spargel
500 g grüner Spargel
Salz
4 Taubenbrüste ohne Knochen
3 El Olivenöl
4 El Butter
3 Knoblauchzehen
1 El getrocknete Kräuter der Provence
150 ml Rotwein
50 ml Sherry
125 ml dunkler Fond

Den Spargel waschen, die weißen Stangen schälen, die holzigen Enden abschne den. Den grünen Spargel nur im unteren Drittel schälen. Die Spargelstangen in kochendem Salzwasser etwa 8 (grüner) bis 12 (weißer) Minuten garen. Abgießen, abtropfen lassen und warm stellen.

Den Backofen auf 120 °C (Umluft 100 °C) vorheizen. Die Taubenbrüste waschen und trocken tupfen. Das Olivenöl mit 1 El Butter in einer Pfanne erhitzen und die Taubenbrüste darin von beiden Seiten knusprig braten. Den Knoblauch schälen, pressen und mit den Kräutern dazugeben. Die Taubenbrüste in Alufolie wickeln und im ausgeschalteten, noch warmen Ofen ca. 5 Minuten nachgaren.

Den Bratensatz mit Rotwein ablöschen, etwas reduzieren, dann Sherry und Fond angießen und die Sauce sämig einkochen. Mit der restlichen Butter aufschlagen. Die Taubenbrüste mit der Sauce und dem Spargel anrichten. Dazu passen Nudeln.

Zubereitungszeit: ca. 40 Minuten (plus Gar-, Brat- und Kochzeit)
Pro Portion ca. 535 kcal/2247 kJ | 29 g E, 39 g F, 7 g KH

Gebratene Taube mit Petersilienwurzelpüree

Für 4 Portionen

2 küchenfertige Tauben	Für das Petersilienwurzelpüree:
Salz	350 g Petersilienwurzeln
Pfeffer	150 g Karotten
3 El Olivenöl	1 Kartoffel
2 Wacholderbeeren	Salz
1 Tl frische Thymianblätter	200 ml Sahne
1 Tl frische Rosmarinnadeln	Pfeffer
125 ml Hühnerfond	2 El frisch gehackter Schnittlauch
200 ml Rotwein	
3 El Butter	

Den Backofen auf 250 °C (Umluft 230 °C) vorheizen. Die Tauben waschen, innen und außen mit Salz und Pfeffer würzen und mit Öl einreiben. Die Tauben mit den Wacholderbeeren und den Kräutern in einen Bräter legen und im Backofen 15 Minuten braten. Dann bei 180 °C (Umluft 160 °C) weitere 30 Minuten braten. Währenddessen mehrmals wenden.

Die Tauben aus dem Bräter nehmen, in Alufolie wickeln und im Ofen warm halten. Den Bratfond mit Hühnerfond und Wein loskochen und etwas reduzieren. Dann mit der Butter binden.

Die Petersilienwurzeln und die Karotten putzen und schälen, die Kartoffel schälen, das Gemüse würfeln. In einem Topf mit wenig gesalzenem Wasser etwa 15 Minuten garen, dann abgießen. 100 ml Sahne zugeben und das Gemüse pürieren. Die restliche Sahne einrühren und mit Salz und Pfeffer abschmecken. Den Schnittlauch unterheben.

Die gebratenen Tauben halbieren und auf Tellern mit der Sauce und dem Petersilienwurzelpüree anrichten.

Zubereitungszeit: ca. 30 Minuten (plus Brat-, Koch- und Garzeit)
Pro Portion ca. 395 kcal/1659 kJ | 17 g E, 33 g F, 8 g KH

Lasagne mit Entenbrust und Käsesauce

Für 4 Portionen

Für den Nudelteig:
150 g Weizenmehl
50 g Hartweizenmehl
2 Eier
6 Eigelb
Salz
Mehl für die Arbeitsfläche

Für die Käsesauce:
200 ml Milch
100 g Tiroler Bergkäse
Salz
Pfeffer
frisch geriebene Muskatnuss

2 Entenbrüste ohne Knochen
3 El Olivenöl
100 ml Rotwein
Salz
Pfeffer
1 Karotte
1 Zucchini
8 Cocktailtomaten
je 1/4 Tl getrockneter Majoran,
Rosmarin, Thymian und Salbei
200 ml Hühnerfond

Alle Zutaten für den Nudelteig in einer Schüssel zu einem glatten Teig verarbeiten. Den Teig in Folie wickeln und 30 Minuten ruhen lassen. Anschließend den Teig auf einer bemehlten Arbeitsfläche zu etwa 12 x 30 cm großen Teigplatten ausrollen. Daraus 16 Quadrate von 6 x 6 cm Größe ausschneiden. Die Teigplatten in kochendem Salzwasser etwa 3 Minuten garen. Abgießen und warm halten.

Für die Sauce die Milch in einem Topf zum Kochen bringen, den Käse in Stücke schneiden, zur Milch geben und unter Rühren schmelzen lassen. Die Käsesauce mit Salz, Pfeffer und Muskat abschmecken und beiseitestellen.

Die Entenbrüste von Haut und Sehnen befreien, waschen, trocken tupfen und in kleine Würfel schneiden. 2 El Olivenöl erhitzen und die Entenstücke darin ausbraten. Mit Salz und Pfeffer abschmecken und mit dem Rotwein ablöschen. Die Karotte schälen und würfeln, die Zucchini putzen, waschen und ebenfalls würfeln, die Cocktailtomaten waschen und vierteln. Das Gemüse im restlichen Olivenöl mit den Kräutern anschwitzen. Die Entenbruststücke dazugeben, den Fond angießen. Die Mischung etwas einkochen, dann mit Salz und Pfeffer abschmecken.

Abwechselnd das Entenragout und die Teigblätter auf Teller schichten, sodass jede Portion aus vier Teigplatten und vier Entenbrustschichten besteht. Zum Schluss mit Käsesauce begießen.

Zubereitungszeit: ca. 40 Minuten (plus Zeit zum Ruhen, Gar- und Kochzeit)
Pro Portion ca. 690 kcal/2898 kJ | 38 g E, 38 g F, 43 g KH

Fisch und Meeresfrüchte

Fischgulasch vom Waller mit Spitzkohlpüree

Für 4 Portionen
400 g Wallerfilet
2 Schalotten
1 kleiner Spitzkohl
1 Knoblauchzehe
2 El Olivenöl
3 El edelsüßes Paprikapulver
100 ml Gemüsebrühe
2 El trockener Weißwein
Salz
Pfeffer
100 ml Fischfond
2 El Crème fraîche
Zitronensaft nach Geschmack

Das Fischfilet waschen und in mundgerechte Würfel schneiden. Die Schalotten schälen und in feine Ringe schneiden, den Kohl putzen, waschen und in dünne Streifen schneiden. Die Knoblauchzehe schälen und fein hacken.

Das Öl in einer Pfanne erhitzen und den Knoblauch mit den Schalotten darin anschwitzen. Die Spitzkohlstreifen hinzufügen und das Paprikapulver darüberstäuben. Die Gemüsebrühe mit dem Wein angießen und das Gemüse etwa 5 Minuten schmoren. Den Kohl anschließend mit Salz und Pfeffer abschmecken und pürieren.

Die Fischstücke im heißen Fischfond 3 Minuten gar ziehen lassen. Dann herausnehmen und würzen. Auf dem Spitzkohlpüree anrichten. Die Crème fraîche mit Salz, Pfeffer und etwas Zitronensaft mischen und esslöffelweise darübergeben. Dazu passen in Butter geschwenkte Kartoffeln.

Zubereitungszeit: ca. 30 Minuten (plus Schmor- und Garzeit)
Pro Portion ca. 138 kcal/579 kJ | 19 g E, 5 g F, 2 g KH

Gebeizter Saibling mit Kartoffeln

Für 4 Portionen
4 Saiblingsfilets (ca. 400 g)
1/2 Bund frisch gehackter Kerbel
1/2 Bund frisch gehackter Dill
1 El Pfefferkörner
1 El Korianderkörner
1 El Senfkörner
1 Tl abgeriebene Schale von
1 unbehandelten Orange
75 g Salz
75 g Zucker
2 Kartoffeln
Pfeffer
getrocknete Kräuter
7 El Olivenöl
2 El Orangensaft

Die Fischfilets waschen, trocken tupfen, in eine Schale legen und mit den Kräutern bestreuen. Die Gewürzkörner mit der Orangenschale im Mörser zerkleinern, mit Salz und Zucker mischen und ebenfalls auf die Fischfilets geben. Die Filets mit Folie abdecken und mindestens 8 Stunden im Kühlschrank durchziehen lassen, dabei öfter wenden.

Den Backofen auf 180 °C (Umluft 160 °C) vorheizen. Die Kartoffeln waschen, schälen und in dünne Scheiben schneiden. Gut trocken tupfen. Die Kartoffelscheiben auf ein Backblech legen, mit Salz, Pfeffer und Kräutern bestreuen und mit 5 El Olivenöl beträufeln. Im Ofen etwa 25 Minuten knusprig backen.

Das restliche Olivenöl mit Orangensaft, Salz und Pfeffer verrühren. Die Saiblingsfilets aus der Marinade nehmen, gut abspülen und trocken tupfen. Schräg in Scheiben schneiden und mit dem Orangenöl beträufeln. Abwechselnd mit den Kartoffelchips auf Tellern anrichten. Dazu verschiedene Blattsalate reichen.

Zubereitungszeit: ca. 30 Minuten (plus Zeit zum Marinieren und Backzeit)
Pro Portion ca. 257 kcal/1079 kJ | 21 g E, 11 g F, 17 g KH

Marinierte Forelle

Für 4 Portionen
125 ml weißer Aceto balsamico
375 ml trockener Weißwein
1 Karotte
1 Schalotte
1 Petersilienwurzel
1/2 Stangensellerie
4 Wacholderbeeren
1 Tl schwarze Pfefferkörner
2 Lorbeerblätter
2 Dillzweige
Salz
4 küchenfertige mittelgroße
Forellen
Pfeffer
100 g Mehl
5 El Olivenöl

Den Essig mit dem Wein in einen Topf geben. Karotte, Schalotte und Petersilienwurzel schälen und in Scheiben bzw. Ringe schneiden. Den Sellerie putzen, waschen und in Scheibchen schneiden. Das Gemüse mit den Gewürzen und Kräutern sowie 1 Tl Salz in den Topf geben. Den Sud etwa 15 Minuten köcheln. Dann abkühlen lassen.

Die Forellen waschen, trocken tupfen, innen und außen mit Salz und Pfeffer einreiben und im Mehl wenden. Das Öl in einer Fischbratpfanne erhitzen und die Forellen darin von beiden Seiten etwa 4 Minuten braten.

Die Forellen in eine Schale legen und den Würzsud darübergießen. 3 Stunden durchziehen lassen. Die marinierten Forellen mit Gurkensalat und Kartoffeln servieren.

Zubereitungszeit: ca.30 Minuten (plus Koch- und Bratzeit und Zeit zum Marinieren)
Pro Portion ca. 380 kcal/1596 kJ | 36 g E, 12 g F, 24 g KH

Lasagne mit Zander

Für 4 Portionen
1/2 Portion Nudelteig
(siehe Seite 122/123)
Salz
400 g Zanderfilet
Pfeffer
50 g Mehl
3 El Olivenöl
2 Tomaten
200 ml Weißwein
100 ml Kalbsfond
200 ml Sahne
1 Spritzer Zitronensaft
Korianderblätter zum Garnieren

Aus dem Nudelteig zwölf Quadrate von 10 x 10 cm Größe ausschneiden. Die Teigplatten in kochendem Salzwasser bissfest garen. Abgießen und abtropfen lassen.

Das Zanderfilet waschen, trocken tupfen und in acht kleine Portionen schneiden. Den Fisch mit Salz und Pfeffer würzen und im Mehl wenden. Das Öl in einer Pfanne erhitzen und die Fischstücke darin von beiden Seiten goldbraun braten.

Die Tomaten waschen, von den Stielansätzen befreien und in Scheiben schneiden. Den Wein mit dem Fond in einem Topf aufkochen und die Sahne einrühren. Die Sauce sämig einkochen und mit Salz, Pfeffer und etwas Zitronensaft abschmecken.

Mit einer Nudelplatte beginnend die Fischstücke im Wechsel mit den Nudelplatten auf Teller schichten. Auf jede Scheibe Fisch eine Tomatenscheibe legen. Die Sauce darübergießen. Mit Korianderblättern garnieren.

Zubereitungszeit: ca. 40 Minuten (plus Gar-, Brat- und Kochzeit)
Pro Portion ca. 427 kcal/1793 kJ | 26 g E, 21 g F, 28 g KH

Forelle Müllerin

Für 4 Portionen
4 küchenfertige Forellen
Salz
Pfeffer
3 El Hartweizengrieß
5 El Olivenöl
4 El Butter
100 g Feldsalat
8 Kirschtomaten
1 El Aceto balsamico
2 Zitronen

Die Forellen waschen und trocken tupfen, innen und außen mit Salz und Pfeffer einreiben.

Den Grieß auf einer Arbeitsplatte ausstreuen und die Fische darin wenden. Überschüssigen Grieß abschütteln.

Das Öl mit der Butter in einer Pfanne erhitzen, bis die Butter zu schäumen beginnt. Die Fische darin nacheinander von jeder Seite etwa 4 Minuten braten, bis die Haut schön knusprig ist.

Den Feldsalat verlesen, putzen, waschen und trocken schütteln, die Kirschtomaten waschen und halbieren. Den Salat mit den Tomaten auf Teller geben, mit dem Aceto balsamico beträufeln und mit etwas Salz und Pfeffer bestreuen. Die gebratenen Forellen dazulegen und mit Zitronenschnitzen garnieren.

Zubereitungszeit: ca. 20 Minuten (plus Bratzeit)
Pro Portion ca. 335 kcal/1407 kJ | 33 g E, 16 g F, 11 g KH

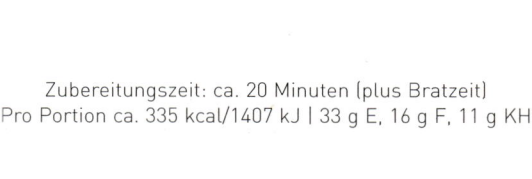

Lachsfilet mit Rucolasauce

Für 4 Portionen
500 g Lachsfilet
Salz
Pfeffer
2 El Olivenöl

Für die Rucolasauce:
1 Bund Rucola
1 Knoblauchzehe
300 ml Kalbsfond
3 El kalte Butter
Salz
Pfeffer
1 Spritzer Zitronensaft

Das Lachsfilet waschen, trocken tupfen, in vier Stücke schneiden und mit Salz und Pfeffer würzen. Das Olivenöl in einer Pfanne erhitzen und die Filets darin nicht ganz durch braten. Warm stellen.

Den Rucola putzen, waschen, trocken schütteln, die Stiele entfernen und die Blätter in feine Streifen schneiden. Den Knoblauch schälen und fein hacken. Den Fond in einem Topf stark einkochen, die kalte Butter zugeben und mit dem Schneebesen schaumig rühren. Die Rucolastreifen und den Knoblauch zugeben und mit Salz, Pfeffer sowie etwas Zitronensaft abschmecken.

Die Lachsfilets auf Tellern anrichten und mit der Rucolasauce servieren. Dazu selbst gemachte Nudeln reichen.

Zubereitungszeit: ca. 25 Minuten (plus Brat- und Kochzeit)
Pro Portion ca. 252 kcal/1058 kJ | 23 g E, 16 g F, 1 g KH

Gebackener Saibling auf Fenchel-Melonen-Salat

Für 4 Portionen
4 Saiblinge mit Haut
5 El Olivenöl
Salz
Pfeffer
200 ml Weißwein
1 Tl abgeriebene Schale von
1 unbehandelten Zitrone
1 Fenchelknolle
200 g Honigmelone
1 Prise Zucker

Die Fische waschen und trocken tupfen. 3 El Öl in einer Pfanne erhitzen und die Fische mit der Hautseite nach unten braten. Mit Salz und Pfeffer würzen, wenden und von der anderen Seite braten, bis der Fisch gar ist. Den Wein angießen, die Zitronenschale einrühren und einmal aufkochen.

Die Fische aus der Pfanne auf vorgewärmte Teller geben und warm stellen. Den Fenchel putzen, waschen, den harten Strunk entfernen und den Fenchel in dünne Scheiben schneiden. In den Fischsud geben und 5 Minuten darin weich dünsten. Mit einem Schaumlöffel aus der Pfanne heben. Die Melone schälen und das Fruchtfleisch in Kugeln ausstechen. Mit dem Fenchel mischen.

Den Fischsud mit dem restlichen Öl verrühren und mit Salz und Zucker abschmecken. Den Fenchel-Melonen-Salat auf Teller geben und die Saiblinge darüberlegen. Mit der Ölmischung übergießen.

Zubereitungszeit: ca. 25 Minuten (plus Brat- und Dünstzeit)
Pro Portion ca. 262 kcal/1100 kJ | 30 g E, 9 g F, 5 g KH

Süßspeisen und Gebäck

Topfenknödel mit Rhabarberpüree

Für 4 bis 6 Portionen

400 g Topfen (Quark)
2 El Butter
4 El Zucker
2 Eier
1 Eigelb
Mark von 1/2 Vanillestange
100 g altbackenes Weißbrot
1 Prise Salz
70 g gemahlene Mandeln

Für das Rhabarberpüree:
1 kg Rhabarber
abgeriebene Schale von
1 unbehandelten Zitrone
1 El Zitronensaft
100 g Zucker
1/2 Tl gemahlener Zimt
1 Päckchen Vanillezucker
150 g Erdbeeren zum Garnieren

Den Topfen in ein Mulltuch geben und abtropfen lassen. 1 El Butter mit 3 El Zucker schaumig rühren. Die Eier und das Eigelb hinzufügen und das Vanillemark einrühren. Das Weißbrot entrinden und fein reiben. Den Topfen und die Weißbrotbrösel mit dem Salz zum Eischaum geben und alles zu einer glatten Masse verrühren. 30 Minuten ruhen lassen.

Die Mandeln in 1 El Butter rösten und mit 1 El Zucker vermischen. Aus der Topfen-masse kleine Knödel (pflaumengroß) formen und in kochendem Salzwasser etwa 10 Minuten ziehen lassen. Anschließend in den gerösteten Mandeln wenden.

Für das Rhabarberpüree den Rhabarber putzen, waschen, entfädeln und in Stücke schneiden. Mit den restlichen Zutaten in einen Topf geben und bei geringer Tempe-ratur unter Rühren garen. Abkühlen lassen und anschließend pürieren.

Die Topfenknödel mit dem Rhabarberpüree und Vanilleeis servieren. Mit Erdbeeren garnieren.

Zubereitungszeit: 30 Minuten (plus Zeit zum Ruhen, Röst- und Garzeit)
Pro Portion ca. 358 kcal/1503 kJ | 15 g E, 23 g F, 20 g KH

Ertrunkene Kapuziner

Für 6 Portionen
250 g Stangenweißbrot vom Vortag
250 ml Rotwein
50 g Vanillezucker
1 Zimtstange
2 Gewürznelken
1/2 unbehandelte Zitrone
4 Eier
3 El gemahlene Mandeln
250 ml Sonnenblumenöl
100 g Rosinen
50 g Puderzucker
Fett für die Form

Das Brot in 2 cm dicke Scheiben schneiden. Den Rotwein mit dem Vanillezucker, der Zimtstange und den Gewürznelken in einem Topf erhitzen. Die Zitronenschale spiralförmig abschälen und in den Topf geben. Die Eier verquirlen und mit den Mandeln verrühren.

In einer großen Pfanne das Öl erhitzen. Die Weißbrotscheiben von beiden Seiten durch die Eimasse ziehen und im Öl knusprig und goldbraun braten. Auf Küchenkrepp abtropfen lassen.

Den Backofen auf 175 °C (Umluft 155 °C) vorheizen. Eine feuerfeste Form einfetten. Den Rotwein durch ein feines Sieb gießen, in den Topf zurückgeben und die Rosinen kurz darin ziehen lassen.

Die gebratenen Brotscheiben in die Form schichten, jede Scheibe mit Puderzucker bestäuben, mit 1–2 El Rotwein beträufeln und mit Rosinen bestreuen. Im vorgeheizten Backofen etwa 10 Minuten backen. Heiß servieren.

Zubereitungszeit: ca. 20 Minuten (plus Koch-, Brat- und Backzeit)
Pro Portion ca. 480 kcal/2016 kJ | 9 g E, 28 g F, 40 g KH

Buchweizentorte

Für 1 Springform
(24 cm Durchmesser)
6 Eier
250 g Butter
250 g Zucker
250 g dunkles Buchweizenmehl
250 g geriebene Mandeln
1 Päckchen Vanillezucker
1 cl Rum
100 g Johannisbeerkonfitüre
Puderzucker
Fett für die Form

Die Eier trennen. Die Butter mit 150 g Zucker und den Eigelben schaumig rühren. Das Mehl dazusieben, die Mandeln, den Vanillezucker und den Rum dazugeben und alles zu einem glatten Teig verarbeiten. Den Backofen auf 180 °C (Umluft 160 °C) vorheizen.

Die Eiweiße mit dem restlichen Zucker zu so steifem Schnee schlagen, dass in der Schaummasse ein Messerschnitt sichtbar bleibt. Den Eischnee vorsichtig unter den Teig heben. Den Teig in eine gefettete Springform einfüllen und im Backofen etwa 1 Stunde backen.

Den Kuchen aus der Form nehmen und auf einem Gitter auskühlen lassen. Anschließend einmal waagerecht durchschneiden und mit der Konfitüre füllen. Vor dem Servieren mit Puderzucker bestäuben. Nach Belieben mit Schlagsahne servieren.

Zubereitungszeit: ca. 20 Minuten (plus Backzeit)
Pro Portion ca. 427 kcal/1793 kJ | 7 g E, 27 g F, 37 g KH

Gefüllte Buchteln

Für 4 bis 6 Portionen
500 g Mehl
200 ml Milch
28 g Hefe
70 g Zucker
1 Prise Salz
170 g Butter
abgeriebene Schale von
1/2 unbehandelten Zitrone
2 Eier
50 g Pflaumenmarmelade
Mehl für die Arbeitsfläche
Fett für die Form

Das Mehl in eine Schüssel sieben, in die Mitte eine Mulde drücken und dahinein 100 ml lauwarme Milch, die zerbröselte Hefe, 2 El Zucker und Salz geben und 15 Minuten abgedeckt an einem warmen Ort gehen lassen. 70 g Butter schmelzen und mit der restlichen Milch, dem restlichen Zucker, der Zitronenschale und den Eiern verrühren, zum Vorteig geben und alles von der Mitte aus mit dem Mehl zu einem festen Hefeteig verkneten. Den Teig abgedeckt 30 Minuten an einem warmen Ort gehen lassen.

Den Teig auf einer bemehlten Fläche etwa 2 cm dick ausrollen und in gleichmäßige Quadrate von 6 x 6 cm schneiden. Je 1 Tl Marmelade auf die Teigquadrate geben und zu Kugeln formen.

Die restliche Butter zerlassen und die Teigkugeln darin wälzen, dann dicht an dicht in eine gebutterte Auflaufform legen. Mit einem Tuch zudecken und nochmals gehen lassen, bis sich das Volumen der Buchteln verdoppelt hat. Den Backofen auf 200 °C (Umluft 180 °C) vorheizen.

Die Buchteln mit der zerlassenen Butter bestreichen und im Ofen etwa 40 Minuten goldbraun backen. Während der Backzeit noch einmal mit Butter bepinseln.
Die Buchteln mit Vanillesauce servieren.

Zubereitungszeit: ca. 30 Minuten (plus Zeit zum Gehen und Backen)
Pro Portion ca. 616 kcal/2587 kJ | 12 g E, 27 g F, 78 g KH

Marillenknödel

Für 4 bis 6 Personen
1 kg Kartoffeln
1 Prise Salz
500 g Mehl
100 g Butter
2 Eier
1 kg Marillen (Aprikosen)
Würfelzucker in der Anzahl
der Aprikosen
200 g Weißbrotbrösel
30 g Zucker
2 El gemahlener Zimt

Die Kartoffeln in wenig gesalzenem Wasser in etwa 20 Minuten kochen. Dann abgießen und noch heiß pellen und durch die Kartoffelpresse drücken. Das Kartoffelpüree mit dem Mehl, Salz, 60 g Butter in Flöckchen und den Eiern zu einem geschmeidigen Teig verarbeiten. Den Teig zu einer dicken Rolle formen, in Folie wickeln und etwa 30 Minuten ruhen lassen.

Die Marillen waschen, trocken tupfen und entsteinen. Statt des Steins ein Stück Würfelzucker in die Frucht geben. Vom Teig 1 cm dicke Scheiben abschneiden, eine Marille daraufsetzen und zu einem Knödel formen.

In einem Topf reichlich leicht gesalzenes Wasser zum Kochen bringen und die Marillenknödel darin etwa 10 Minuten ziehen lassen. Mit einer Schaumkelle aus dem Topf nehmen und abtropfen lassen. Die Brotbrösel in der restlichen Butter bräunen, mit Zucker und Zimt bestreuen. Die Knödel darin wenden und heiß servieren.

Zubereitungszeit: ca. 30 Minuten (plus Kochzeit, Zeit zum Ruhen, Gar- und Röstzeit)
Pro Portion ca. 670 kcal/2814 kJ | 17 g E, 12 g F, 118 g KH

Heidelbeerkrapfen

Für ca. 12 Stück
200 g altbackenes Weißbrot
500 ml Milch
2 Eier
100 g Heidelbeeren
150 g Mehl
500 ml Öl zum Frittieren
Puderzucker

Das Brot in große Stücke schneiden und in einer Schüssel in der erwärmten Milch etwa 20 Minuten einweichen. Anschließend die Brotstücke etwas ausdrücken und in einer zweiten Schüssel mit den Eiern vermischen.

Die Heidelbeeren verlesen, waschen und gut abtropfen lassen. Die Heidelbeeren mit dem Mehl unter das Brotgemisch rühren und alles zu einem mittelfesten Teig verarbeiten.

Das Öl in einem hohen Topf erhitzen und den Teig löffelweise darin zu flacher Krapfen ausbacken. Auf Küchenpapier abtropfen lassen und mit Puderzucker bestäubt servieren.

Zubereitungszeit: ca. 25 Minuten (plus Einweich- und Ausbackzeit)
Pro Portion ca. 200 kcal/840 kJ | 5 g E, 11 g F, 19 g KH

Bozener Zelten

Für ca. 20 Stück
600 g getrocknete Feigen
300 g Datteln
300 g Marillen
150 g Zwetschgen
600 g Korinthen
400 g Mandeln
200 g Walnüsse
150 g Zitronat
150 g Orangeat
400 ml Marillenlikör
400 ml Glühwein (FP)
100 g Buchweizenmehl
1 El gemahlener Anis
Mandeln und Nüsse zum Verzieren
2 El Honig
Fett für das Blech

Die getrockneten Früchte hacken. Die frischen Früchte waschen, entsteinen und würfeln. Die Mandeln und Nüsse fein hacken. In einer Schüssel mit Zitronat, Orangeat, Marillenlikör und Glühwein mischen und mindestens 3 Tage durchziehen lassen.

Die Fruchtmischung mit dem Mehl und Anis vermischen und einen geschmeidigen Teig herstellen. Den Backofen auf 180 °C (Umluft 160 °C) vorheizen. Mit dem Löffel Teigstücke abstechen und kleine Küchlein formen. Nach Belieben mit Nüssen und Mandeln verzieren und auf ein gefettetes Backblech legen. Im Ofen etwa 25 Minuten backen.

Den Honig mit 250 ml Wasser verrühren und die heißen Zelten damit einstreichen.

Zubereitungszeit: ca. 40 Minuten (plus Zeit zum Durchziehen und Backen)
1 Stück ca. 444 kcal/1864 kJ | 7 g E, 17 g F, 55 g KH

Himbeergratin

Für 4 Portionen
500 g Himbeeren
2 El Puderzucker
2 1/2 El Zitronensaft
2 El Orangenlikör
3 Eigelb
70 g Zucker
2 Tl Speisestärke
etwas abgeriebene Schale von je
1 unbehandelten Orange und Zitrone
100 ml Sahne

Die Himbeeren verlesen, putzen, waschen und abtropfen lassen. 2 El Beeren mit dem Puderzucker und 1/2 El Zitronensaft pürieren. Den Likör mit dem restlichen Zitronensaft unter das Himbeerpüree rühren. Mit den restlichen Beeren mischen und abgedeckt 20 Minuten ziehen lassen.

Die Eigelbe mit dem Zucker, der Speisestärke und den Zitrusschalen cremig schlagen. Die Sahne steif schlagen und unterheben. Den Backofen auf 225 °C (Umluft 200 °C) vorheizen.

Die Beerenmischung in ofenfeste Schalen geben. Die Ei-Sahne-Mischung darauf verteilen. Im Backofen etwa 7 Minuten goldbraun überbacken. Das Himbeer-gratin warm servieren. Dazu Vanilleeis reichen.

Zubereitungszeit: ca. 30 Minuten (plus Zeit zum Durchziehen und Überbacken)
Pro Portion ca. 265 kcal/1113 kJ | 4 g E, 13 g F, 29 g KH

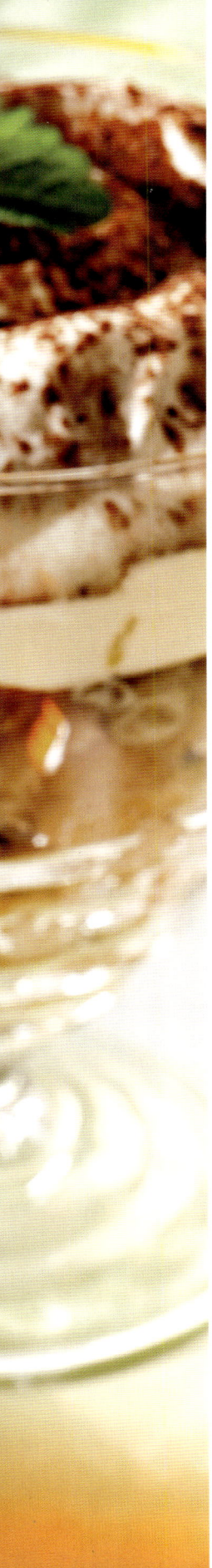

Schneemilch

Für 4 Portionen
3 El Walnüsse
3 El Rosinen
1 El Grappa
4 Brötchen vom Vortag
2 El Zucker
1/2 Tl gemahlener Zimt
abgeriebene Schale von
1/2 unbehandelten Zitrone
2 El Honig
2–3 El Milch
250 ml Sahne
Kakaopulver
Minzeblättchen zum Garnieren

Die Walnüsse in einer Pfanne ohne Fett rösten, dann hacken. Die Rosinen heiß abspülen, abtropfen lassen und im Grappa einweichen. Die Brötchen in kleine Würfel schneiden.

Die Nüsse, Grapparosinen und Brötchen mit den restlichen Zutaten außer Milch, Sahne, Kakao und Minze gut vermischen. So viel Milch dazugeben, dass die Mischung feucht, aber nicht wässrig ist.

Die Mischung etwa 2 Stunden abgedeckt durchziehen lassen. Die Sahne steif schlagen und über der Mischung verteilen. Mit Kakaopulver bestreuen und mit Minzeblättchen garnieren.

Zubereitungszeit: ca. 20 Minuten (plus Zeit zum Durchziehen)
Pro Portion ca. 402 kcal/1688 kJ | 6 g E, 24 g F, 39 g KH

Rezeptverzeichnis